Marco Schmidt

Bewegung, Spiel und Sport in der Ganztagsschule

Wie bringen wir mehr Bewegung in den Alltag von Kindern und Jugendlichen?

Bibliografische Information der Deutschen Nationalbibliothek:

Die Deutsche Nationalbibliothek verzeichnet diese Publikation in der Deutschen Nationalbibliografie; detaillierte bibliografische Daten sind im Internet über http://dnb.d-nb.de abrufbar.

Impressum:

Copyright © Studylab 2019

Ein Imprint der Open Publishing GmbH, München

Druck und Bindung: Books on Demand GmbH, Norderstedt, Germany

Coverbild: Open Publishing GmbH | Freepik.com | Flaticon.com | ei8htz

Inhaltsverzeichnis

Abbildungsverzeichnis

1 Einleitung

Unsere Gesellschaft ist so sportlich wie nie zuvor. Nicht zuletzt verantwortlich dafür sind die Medien, die heutzutage eine wichtige Rolle in der Gesellschaft einnehmen. Überall wird man mit durchtrainierten, dynamischen und top-gestylten Werbefiguren konfrontiert, die einem suggerieren, dass ein fittes und gesundes Aussehen der Schlüssel zum Erfolg ist. Mit einem fitten Körper werden positive Eigenschaften assoziiert. Komplementär ist das konstant wachsende Gesundheitsbewusstsein der Gesellschaft, unterstützt durch zahlreiche Studien, die die Wichtigkeit des Sporttreibens auf die Gesundheit und das Wohlbefinden belegen. Den sogenannten Zivilisationskrankheiten, wie Adipositas, Herz- Kreislaufbeschwerden oder Diabetes Typ 2, die in unserer Gesellschaft inflationär anzutreffen sind, kann mit Sport vorgebeugt werden.

Doch an den Kindern und Jugendlichen in unserer Gesellschaft scheinen die Feststellungen und Empfehlungen vorüberzugehen. Ihnen fehlt noch das nötige Gesundheitsbewusstsein, das im Erwachsenenalter ausgeprägter wird. Sie verbringen ihre Freizeit lieber zu Hause vor dem Computer, dem Fernseher oder der Playstation. Diese bewegungsarme Freizeitgestaltung hat nicht nur dramatische Folgen auf die körperliche, sondern ebenfalls auf die geistige sowie die emotionale und soziale Entwicklung der Kinder und Jugendlichen (Zimmer, 2004).

Dass dieser Entwicklung entgegengewirkt werden muss, kann kaum mehr geleugnet werden. Dabei ist es von großer Relevanz, dass dies bereits in jungen Jahren vollzogen wird. Gerade die Ganztagsschule, die sich in den letzten Jahren immer größerer Beliebtheit erfreut und eine Instanz darstellt, in der die Kinder und Jugendlichen die meiste außerfamiliäre Zeit verbringen, muss in diesem Zusammenhang Verantwortung dafür übernehmen, dass die Schülerinnen und Schüler[1] in Deutschland wiederkehrend mehr Bewegungsmöglichkeiten erhalten. Durch die Verlängerung des Schultages, die mit der Umstellung von einer Halbtagsschule auf eine Ganztagsschule einhergeht, bietet die Ganztagsschule eine hervorragende Möglichkeit, über den regulären Sportunterricht hinaus mehr Bewegung in den Alltag der Kinder zu implementieren.

Aus diesem Grund soll in dieser wissenschaftlichen Arbeit der Frage nachgegangen werden, ob und inwieweit die Ganztagsschulen in Deutschland dieser Ver-

---

[1] Im Folgenden der Einfachheit halber SuS genannt

antwortung nachkommen und den Bereich *Bewegung, Spiel und Sport* in ihr Schulleben integrieren. Zu diesem Zweck soll eruiert werden, welche Ansätze existieren und wie diese charakterisiert sind.

Das erste Kapitel der vorliegenden Arbeit widmet sich der Definition einer Ganztagschule sowie ihrer historischen Betrachtung. Darüber hinaus werden im ersten Kapitel die Begründungen für die Ganztagsschule dargestellt und nachfolgend kritisch betrachtet.

Im Fokus des zweiten Kapitels steht der Stellenwert des Bereiches *Bewegung, Spiel und Sport* in der Ganztagsschule. Dabei wird zusätzlich auf die veränderte Lebenswelt der Kinder und Jugendlichen Bezug genommen und die Begründungen für den Bereich *Bewegung, Spiel und Sport* aufgeführt.

In der Folge werden im dritten Kapitel die aktuellen Entwicklungslinien im Bereich *Bewegung, Spiel und Sport* in der Ganztagsschule demonstriert. Die Betrachtung der Kooperation zwischen der Ganztagsschule und dem Sportverein runden dieses Kapitel ab. Im Anschluss daran wird im vierten Kapitel das Konzept der *Bewegten Schule* exemplarisch vorgestellt.

Auf der Grundlage von verschiedenen empirischen Untersuchungen wird im fünften und letzten Kapitel der aktuelle Forschungsstand zu dem Bereich *Bewegung, Spiel und Sport* in der Ganztagsschule dargestellt.

Eine Zusammenfassung und ein kurzer Ausblick bilden den Abschluss dieser Arbeit.

2 Ganztagsschule- Definition, historische Entwicklung und Begründungen

Das nachfolgende Kapitel beschäftigt sich mit dem Terminus „Ganztagsschule" und dient der Einführung in die Thematik. Dabei soll zunächst mit Hilfe der Kultusministerkonferenz (2014) und dem Ganztagsschulverband e.V. der Frage nachgegangen werden, was eine Ganztagsschule definiert. Im Anschluss daran wird im zweiten Teil des Kapitels die historische Entwicklung der modernen Ganztagsschule in Deutschland betrachtet. Die Darstellung der Begründungen für die Ganztagsschule und die kritische Betrachtung dieser runden dieses Kapitel ab.

2.1 Definition

Um der Frage nachgehen zu können, was eine Ganztagsschule definiert, muss eine Abgrenzung zur herkömmlichen Halbtagsschule durchgeführt werden. Ein grundsätzliches Merkmal der Ganztagsschule ist, dass der Unterricht an dieser über den Vormittag hinausgeht (Rahm, Rabenstein & Nerowski, 2015). Jedoch ist die Reduktion auf dieses grundsätzliche Merkmal zu unpräzise, da infolgedessen jedes Gymnasium, auf Grund der Tatsache, dass an den meisten Gymnasien der Unterricht auch am Nachmittag stattfindet und somit über den Vormittag hinausgeht, eine Ganztagsschule wäre (Rahm et al., 2015).

Folglich ist dieses Merkmal zur Definition einer Ganztagsschule nicht ausreichend. Deswegen sollen im Folgenden zwei unterschiedliche Definitionen des Begriffs „Ganztagsschule" vorgestellt werden, um das Verständnis dessen näher bestimmen zu können.

Die Kultusministerkonferenz (KMK), die ein „Gremium zur Koordinierung der bildungspolitischen Vorhaben der einzelnen Bundesländer" (Rahm et al., 2015, S.15) ist, definiert den Begriff „Ganztagsschule" wie folgt:

„Unter Ganztagsschulen werden Schulen verstanden, bei denen im Primar- oder Sekundarbereich I:

- an mindestens drei Tagen in der Woche ein ganztägiges Angebot für die Schülerinnen und Schüler bereitgestellt wird, das täglich mindestens sieben Zeitstunden umfasst;

- an allen Tagen des Ganztagsschulbetriebs den teilnehmenden Schülerinnen und Schülern ein Mittagessen bereitgestellt wird;

- die Ganztagesangebote unter der Aufsicht und Verantwortung der Schulleitung durchgeführt werden sowie in einem konzeptionellen Zusammenhang mit dem Unterricht stehen." (Rahm et al., 2015, S.15 zit. n. KMK 2014, S.9)

Somit postuliert die Kultusministerkonferenz, dass an einer Ganztagsschule mindestens an drei Tagen in der Woche ein Angebot für die SuS bereitgestellt werden muss, das mindestens sieben Zeitstunden umfasst. Dabei ist es irrelevant, wie viele SuS an diesem Angebot teilnehmen und in welchem Umfang sie dies tun (Rahm et al., 2015). Des Weiteren geht aus der Definition hervor, dass den SuS an den Tagen, an denen das Ganztagsprogramm stattfindet, von Seiten der Schule ein Mittagessen bereitgestellt werden muss. Zusätzlich fordert die Kultusministerkonferenz, dass die Schulleitungen die Verantwortung für die Angebote der Ganztagsschule tragen und diese Angebote in einem konzeptionellen Zusammenhang mit dem schulischen Unterricht stehen sollen. Demnach kann eine Schule, „die am Nachmittag nur Spiele zum Zeitvertreib anbietet" (Rahm et al., 2015, S.16) nicht als Ganztagsschule angesehen werden.

Die zweite Definition zu dem Begriff „Ganztagsschule", die in dieser wissenschaftlichen Arbeit aufgezeigt werden soll, ist auf den Ganztagsschulverband GGT e.V. zurückzuführen. Dieser ist eine „Initiative zur Förderung des Ausbaus qualitativ hochwertiger Ganztagsschulen" (Rahm et al., 2015, S.19).

„Eine Ganztagsschule gewährleistet nach der Definition des Ganztagsschulverbandes GGT e.V., dass

- allen Schülerinnen und Schülern ein durchgehend strukturiertes Angebot in der Schule an mindestens vier Wochentagen und mindestens sieben Zeitstunden angeboten wird,
- Aktivitäten der Schülerinnen und Schüler am Vormittag und am Nachmittag in einem konzeptionellen Zusammenhang stehen,
- erweiterte Lernangebote, individuelle Fördermaßnahmen und Hausaufgaben/Schulaufgaben in die Konzeption eingebunden sind,
- die gemeinsame und individuelle Freizeitgestaltung der Schülerinnen und Schüler als pädagogische Aufgabe im Konzept erhalten ist,
- ihre Angebote altersgerechte Interessen und Bedürfnisse von Kindern und Jugendlichen fördernd aufgreifen
- alternative Unterrichtsformen wie z.B. Projektarbeit ermöglicht werden,
- das soziale Lernen begünstigt wird,

- die Schule den Schülerinnen und Schülern an allen Schultagen ein warmes Mittagessen anbietet,

- eine ausreichende Ausstattung mit zusätzlichem pädagogischen Personal, mit einem erweiterten Raumangebot und mit zusätzlichen Lehr- und Lernmitteln vorhanden ist,

- die Organisation aller Angebote unter der Aufsicht und Verantwortung der Schule steht." (Rother, 2003, S.4)

Vergleicht man die Definition des Ganztagsschulverbandes mit der Definition der Kultusministerkonferenz, so lässt sich konstatieren, dass sie durchaus einige Gemeinsamkeiten, jedoch ebenfalls einige Unterschiede aufweisen.

Hervorzuheben ist, dass in der Definition des Ganztagsschulverbandes, im Vergleich zur Definition der Kultusministerkonferenz, dezidiert auf die inhaltliche Gestaltung des Ganztags Bezug genommen wird. Komplementär fordert der Ganztagsschulverband, im Gegensatz zur Kultusministerkonferenz, das siebenstündige Angebot nicht nur an drei, sondern an vier Tagen in der Woche. Ein weiteres Anliegen des Ganztagsschulverbandes ist, dass das Mittagessen an jedem Tag in der Woche bereitgestellt wird und nicht nur an den Tagen, an denen das Nachmittagsprogramm stattfindet.

Infolge der Betrachtung und des Vergleichs der beiden Definitionen kann gesagt werden, dass die Kriterien des Ganztagsschulverbandes die der Kultusministerkonferenz miteinschließen und zusätzlich in einigen Punkten komplementieren.

Im Folgenden werden die unterschiedlichen Formen der Ganztagsschule erläutert.

2.1.1 Die offene Form der Ganztagsschule

Bei dem Modell der offenen Ganztagsschule ist es den SuS freigestellt, ob sie an den ganztägigen Bildungs- und Betreuungsangeboten der Ganztagsschule teilnehmen wollen. Dabei haben sie die Möglichkeit, diese Angebote an mindestens drei Wochentagen wahrzunehmen (Reckzeh, 2015). Haben sich die SuS allerdings am Anfang des Halbjahres dazu entschieden, an den Ganztagsangeboten teilzunehmen, ist diese Anmeldung obligatorisch (Reckzeh, 2015).

In der offenen Form finden die Angebote im Anschluss an den Schulunterricht statt und setzen sich meistens aus einem gemeinsamen Mittagessen, einer zuverlässigen Hausaufgabenbetreuung sowie einem abwechslungsreichen Freizeitangebot zusammen. In der Regel ist für die Durchführung der Angebote außerschulisches Personal, wie z.B. Erzieher, Sozialpädagogen oder auch Vereinstrainer, zuständig (Kielbock & Stecher, 2014).

2.1.2 Die voll gebundene Ganztagsschule

Die voll gebundene Form der Ganztagsschule zeichnet sich strukturell dadurch aus, dass sie für alle SuS der jeweiligen Schule verbindlich ist. Der Unterricht findet an mindestens drei Wochentagen von 08.00 bis ca. 16.15 Uhr statt (Laging, 2014). Im Modell der gebundenen Form der Ganztagsschule ist der Schultag rhythmisiert. Das impliziert, dass alternativ zu den Übungs- und Lernzeiten durchgängig sportliche, musische sowie künstlerische Angebote offeriert werden. Darüber hinaus finden regelmäßige Pausen statt, in denen die SuS sich zurückziehen und erholen können (Kielblock & Stecher, 2014).

In der voll gebundenen Ganztagsschule wird der Großteil der supplementären Betreuung von den Lehrkräften der jeweiligen Schule übernommen. Jedoch besteht für die Schulen darüber hinaus die Möglichkeit, externes pädagogisches Personal zu beschäftigen (Reckzeh, 2015).

2.1.3 Die teilweise gebundene Form

Das dritte und letzte Modell der Ganztagsschule ist die teilweise gebundene Form. Bei dieser Form ist lediglich ein Teil der SuS (z.B. einzelne Klassen oder Klassenstufen) dazu verpflichtet, die Ganztagsangebote an mindestens drei Wochentagen wahrzunehmen. Grundsätzlich arbeitet sie wie eine voll gebundene Ganztagsschule, mit dem einzigen Unterschied, dass die Ganztagsangebote nicht für alle SuS verbindlich sind. Somit ist diese Form der Ganztagsschule zwischen der offenen und der voll gebundenen Form der Ganztagsschule einzuordnen (Laging, 2014).

2.2 Historische Betrachtung der Ganztagsschule in Deutschland

In Deutschland ist die Schule als ganztägige Institution bereits seit dem 19. Jahrhundert ein gängiges Modell. Der Unterricht in der damaligen Zeit war zweigeteilt. Demnach fand zwischen 08:00 und 12:00 Uhr der Vormittags- und von 14:00 bis 16:00 Uhr der Nachmittagsunterricht statt. Zwischen diesen beiden Unterrichtsphasen gab es eine zweistündige Mittagspause, die von den SuS sowie den Lehrkräften dazu genutzt wurde, zu Hause das Mittagessen mit der Familie einzunehmen und den Nachmittagsunterricht vorzubereiten. Doch nach Beendigung des Nachmittagsunterrichts war der Schultag für die SuS und Lehrer noch lange nicht beendet. So mussten die SuS ihre Hausaufgaben erledigen, während die Lehrkräfte damit beschäftigt waren, den gehaltenen Unterricht nachzubereiten sowie den Unterricht für den nächsten Tag vorzubereiten. Diese Art der Durchführung des Schulalltags reicht weit bis in das 17. Jahrhundert zurück und war der damaligen Zeiteinteilung der Arbeitswelt angepasst. Verantwortlich hierfür war der Pädagoge Johann Comenius (1590-1670) (Ludwig, 2005).

Das Hauptanliegen der damaligen Schulen war die Konzentration auf den Unterricht. Im Volksschulbereich wurde jene Organisationsform der Schule noch weit bis in das 20. Jahrhundert hinein praktiziert. Ende des 19. Jahrhunderts jedoch setzte sich in Deutschland, zunächst nur im höheren Schulwesen, später dann ebenfalls im Volksschulbereich, das Modell des Vormittagsunterrichts durch. Gründe für die Umstellung der Schulen auf den Vormittagsunterricht waren zum einen die damals noch verbreitete Kinderarbeit und zum anderen die weiten Schulwege, die einige SuS bei der alten Zeiteinteilung viermal am Tag zurücklegen mussten. Für viele SuS, die ihre Eltern zu Hause zusätzlich bei der Arbeit unterstützen mussten, führte das herkömmliche Schulmodell zu einer Überbelastung (Ludwig, 2005).

Mithin entstand ein Halbtagsschulsystem, das nicht nur Auswirkungen auf die Bildungschancen der SuS, sondern auch auf die Familien hatte. Der Tatsache geschuldet, dass es unmöglich war, den ganzen Schulstoff am Vormittag zu realisieren, mussten die SuS den fehlenden Stoff zu Hause nacharbeiten. Nunmehr wurde vorausgesetzt, dass die SuS zu Hause umfänglich betreut werden, mit der Folge, dass viele Mütter zu Hause blieben und ihrer beruflichen Tätigkeit nicht mehr nachgehen konnten. Von diesem Zeitpunkt an waren die Väter die alleinigen Geldverdiener in der Familie. Doch viele Familien, gerade in der DDR, waren weiterhin darauf angewiesen, dass beide Eltern erwerbstätig sind (Portmann, 2004).

Während sich den Frauen in der Bundesrepublik um 1950 herum die Möglichkeit bot, zu Hause zu bleiben und sich um die Betreuung der eigenen Kinder zu sorgen, mussten die Frauen in der DDR weiterhin arbeiten gehen, da sie als Arbeitskräfte unerlässlich waren. Aus diesem Grund wurde für die Kinder und Jugendlichen in der DDR eine ganztägige Betreuung organisiert. Diese Betreuung wurde in der Regel durch außerschulische Einrichtungen wie Horte oder FDJ-Organisationen gewährleistet (Stözel & Wagener, 2014). Unterdessen wurden in der DDR in den 1950er und 1960er Jahren Tagesheimschulen eingerichtet, „die sich an der Internatserziehung der UdSRR orientierten" (Stötzel & Wagener, 2014, S.50). Dazu wurden im Ministerium Pläne geschmiedet, die Tagesheimschulen als herkömmliche Schulform einzuführen. Allerdings scheiterte die Umsetzung aus Kostengründen (Stötzel & Wagener, 2014).

In der zweiten Hälfte des 20. Jahrhunderts gab es in der BRD kaum Betreuungsmöglichkeiten für die Kinder und Säuglinge. Dies hatte zur Folge, dass immer weniger Frauen einer Erwerbstätigkeit nachgehen konnten. Um dem entgegenzuwirken, konzentrierte sich die Bund-Land-Kommission für Bildungsplanung und Forschungsförderung (BLK) darauf, die Bildungschancen der Kinder zu verbessern und diese individueller fördern zu können. Für die bestmögliche Umsetzung dieses Vorhabens, intendierte die BLK 1973, dass bis 1985 30% aller SuS in der Primar- und Sekundarstufe I Ganztagsschüler sein sollten. Dieses Vorhaben scheiterte jedoch trotz aller Bemühungen. (Stötzel & Wagener, 2014) „Die Anzahl der Ganztagsschüler/innen betrug 1985 im Westen nur etwa 4%." (Stötzel & Wagener, 2014, S.51)

Die bundesweite Betreuungssituation von Kleinkindern und Grundschulkinder besserte sich erst in den 1990er Jahren durch die Erschaffung von „Krippen, Kindertagesstätten, Horte und auch einzelne Ganztagesschulen" (Stötzel & Wagener, 2014, S.51f). Nichtsdestoweniger konnte der Bildungsbedarf trotz dieser Verbesserung nicht gewährleistet werden (Stötzel & Wagener, 2014).

15 Jahre später, nachdem im Jahr 2000 die PISA-Studie zum ersten Mal durchgeführt wurde und die 15-jährigen deutschen SuS nur mittelmäßig abschnitten, wurde in Deutschland der Debatte um die Ganztagsschule ein neuer hoher Stellenwert beigemessen. Die Kultusministerkonferenz setzte sich zum Ziel, dass die deutschen SuS bis zum Jahr 2013 den Anschluss an die Spitzengruppen der PISA-Studie erreicht haben sollen. Es wurde gemutmaßt, was durch die internationalen Entwicklungen bekräftigt wurde, dass die schulischen Leistungen von einer ganztägigen Versorgung der SuS profitieren. Dies hatte zur Folge, dass der Ausbau von Ganztagsschulen startete, in der Hoffnung nicht nur die fachlichen Kompetenzen der SuS fördern zu können, sondern auch der sozialen Auslese entgegenzuwirken (Stötzel & Wagener, 2014). Seitdem schritt die Entwicklung zu mehr Ganztagsschulen in Deutschland unaufhörlich voran.

> „Nach statistischen Angaben der Kultusministerkonferenz (KMK) gab es im Schuljahr 2008/2009 bundesweit mehr als 11.800 „schulische Verwaltungseinheiten mit Ganztagsbetrieb". Gegenüber 2002 bedeutet dies einen Zuwachs von um 175% in einem Zeitraum von nur sechs Schuljahren. Damit haben bereits 42% aller schulischen Verwaltungseinheiten in irgendeiner Form ganztägige Angebote vorzuweisen."
> (Laging, 2014, S. 17)

Aktuelle Statistiken zur Ganztagsschulentwicklung in Deutschland bestätigen den stetigen Zuwachs von Schulen mit Ganztagsschulbetrieb.

Schularten	Schulen[1]									
	Anteil an allen Schulen in Prozent					Veränderung in Prozent				
	2011	2012	2013	2014	2015	2011	2012	2013	2014	2015
Grundschule	47,6	49,8	51,6	53,3	55,6	4,9	2,1	1,8	1,8	2,3
Schulartunabhängige Orientierungsstufe	72,8	73,1	74,3	72,0	74,9	2,3	0,3	1,2	-2,3	2,9
Hauptschule	64,1	65,5	67,9	69,6	70,3	13,3	1,5	2,4	1,7	0,7
Schularten mit mehreren Bildungsgängen	72,1	74,2	76,9	77,9	80,0	3,6	2,1	2,7	1,0	2,1
Realschule	50,5	52,2	52,4	52,4	53,7	15,4	1,7	0,2	0,0	1,2
Gymnasium	54,3	56,8	59,0	59,6	60,5	10,5	2,4	2,2	0,6	0,9
Integrierte Gesamtschule	88,0	87,3	86,9	86,9	87,6	1,2	-0,8	-0,4	0,1	0,6
Freie Waldorfschule	57,9	63,7	68,4	67,6	69,1	6,4	5,9	4,7	-0,9	1,6
Förderschulen	65,4	65,7	67,3	69,0	70,3	3,6	0,3	1,6	1,7	1,4

Abbildung 1: Anteil der Schulen mit Ganztagsschulbetrieb an allen Schulen sowie die Veränderung zum Vorjahr in Prozent 2011 bis 2015
(Sekretariat der Ständigen Konferenz der Kultusminister der Länder in der Bundesrepublik Deutschland, 2018, S.10)

2.3 Begründungen der Ganztagsschule

„Kindgemäße Entwicklung, kindgemäßes Erkennen und Lernen brauchen mehr Zeit, als an Halbtagsschulen üblicherweise zur Verfügung steht, denn Schule ist mehr als Unterricht." (Stötzel & Wagener, 2014, S.55, zit. n. Stefan Appel)

Mit diesen Worten fasste Stefan Appel, der langjährige Vorsitzende des Ganztagsschulverbandes, im Jahr 2006 die Aussagen zur Begründung von Ganztagsschulen zusammen. Mit dem Ausbau der Ganztagsschulen in Deutschland erhoffen sich der Bund und die Länder, das deutsche Bildungssystem positiv beeinflussen zu können. Die Ziele, die der Bund und die Länder dabei verfolgen, sind unter anderem eine bessere Vereinbarkeit von Familie und Erwerbstätigkeit, eine verbesserte individuelle Förderung von SuS sowie mehr Chancengleichheit im Bildungssystem (Stötzel & Wagener, 2014).

Im Folgenden sollen diese genannten Ziele näher bestimmt werden.

2.3.1 Vereinbarkeit von Familie und Erwerbstätigkeit

In der heutigen Gesellschaft streben immer mehr Menschen nach einer beruflichen Karriere. Dabei fällt es Eltern zunehmend schwerer, die eigene Arbeit und die Betreuung ihrer Kinder aufeinander abzustimmen. Ein ganztägiges Schulangebot und die damit einhergehende zusätzliche Betreuung der SuS kann und soll die Eltern bei der Lösung dieses Problems unterstützen (Reichmann, 2005). Der Bund und die Länder intendieren mit dieser Unterstützung eine verbesserte finanzielle Lage der Familien sowie eine Steigerung der Geburtenrate (Rahm, Rabenstein & Nerowski, 2015). Demnach zeigen Untersuchungen, dass die Geburtenrate in Deutschland im Jahr 2010 einen absoluten Tiefstwert erreicht hat. Ein wesentlicher Grund hierfür wird darin gesehen, dass immer mehr Menschen an ihrem Lebensstandard festhalten wollen, was jedoch häufig nur möglich ist, wenn beide Partner erwerbstätig sind. Folglich befürchten viele Paare, dass sie auf Grund ihrer notwendigen Erwerbstätigkeit keine Zeit für die Betreuung des eigenen Nachwuchses haben und verzichten daher auf eine Familiengründung. Diese Annahme kann durch empirische Befunde bestätigt werden (Stözel & Wagener, 2014). Ein weiteres, nicht zu unterschätzendes Thema in diesem Zusammenhang ist die Angst vor der Armut. Um nicht mit dieser konfrontiert zu werden, sind heutzutage immer mehr Familien in Deutschland von der Erwerbstätigkeit beider Elternteile abhängig (Stötzel & Wagener, 2014).

Zudem ließ sich durch wissenschaftliche Untersuchungen eruieren, dass insbesondere alleinerziehende Mütter mit jungen oder mehreren Kindern große Schwierigkeiten haben, einer Erwerbstätigkeit nachgehen zu können. Somit sind besonders Alleinerziehende auf eine zuverlässig Betreuung ihrer Kinder angewiesen (Rahm, Rabenstein & Nerowski, 2015).

Durch den Ausbau der Ganztagsschulen und ihren Betreuungsmöglichkeiten erhoffen sich der Bund und die Länder, die erwerbstätigen Eltern entlasten zu können und den Anstoß für eine Steigerung der Frauenerwerbsquote zu geben (Stötzel & Wagener, 2014).

Studien, wie z.B. die Studie zur wissenschaftlichen Begleitung offener Ganztagsschulen im Primarbereich in Nordrhein-Westfalen, belegen, „dass Familien und insbesondere die Mütter eine Entlastung durch die Ganztagsschule wahrnehmen" (Stötzel & Wagener, 2014, S.57). Einer weiteren Studie (BiGa NRW) kann entnommen werden, dass ca. 80% der Mütter aus NRW aussagen, dass sie auf Grund der Tatsache, dass ihr Kind eine Ganztagsschule besucht, einer Erwerbstätigkeit nachgehen können (Stötzel & Wagener, 2014).

2.3.2 Individuelle Förderung von Schüler/innen

Ein weiteres Ziel, das mit dem Ausbau der Ganztagsschulen verfolgt wird, ist die Verbesserung der schulischen Leistung von SuS. Die im Jahr 2000 durchgeführte PISA-Studie lässt, auch wenn dies nicht durch wissenschaftliche Untersuchungen belegt wurde, darauf rückschließen, dass sich die Schulleistungen in einer ganztägigen Schulform verbessern,

> „denn die Länder mit den besten Ergebnissen im internationalen Leistungsvergleich und den höchsten Abiturquoten haben überwiegend Ganztagsschulsysteme" (Portmann, 2004, S.25).

Hierbei wird die im Rahmen der Ganztagsschule zunehmende Präsenszeit der SuS in der Schule als Chance gesehen, Möglichkeiten für eine intensivere, individuelle Förderung zu kreieren. Gelingen soll dies mit Hilfe zusätzlicher Differenzierung sowie der Realisierung verschiedener pädagogischer Konzepte. So kann die Ganztagsschule ihren SuS Gelegenheiten bieten, individuell lernen zu können. Die Einführung sogenannter Lernzeiten kann dazu dienen, dass SuS in dieser Zeit Aufgaben bearbeiten, die individuell auf sie zugeschnitten sind. Diese Lernzeiten haben den Anspruch, die herkömmlichen Hausaufgabenkonzepte zu erweitern, mit dem Ziel, Freiräume und Möglichkeiten für individuelles und selbstgesteuertes Lernen zu offerieren (Stötzel & Wagener, 2014).

Zusätzlich werden den SuS in Ganztagsschulen in der Regel Förderungsmöglichkeiten in verschiedenen Bereichen bereitgestellt. Dabei ist es den SuS größtenteils selbst überlassen, Angebote aus den unterschiedlichen Bereichen zu wählen und insofern ihren individuellen Neigungen nachzugehen. Die Angebote finden meist in Zusammenarbeit mit außerschulischen Partnern statt, „die neben der Chance zur Erschließung neuer Lerninhalte, auch die Erkundung neuer Lernorte bieten" (Stötzel & Wagener, 2014, S.59). Demnach bieten sich für die SuS einer Ganztagsschule Lerngelegenheiten, mit denen sie in einer herkömmlichen Halbtagsschule nicht in Berührung kommen würden (Stötzel & Wagener, 2014).

Portmann (2004, S.27) vertritt in ihrer Publikation „Modell Ganztagsschule" folgende Einschätzung:

> „Der Unterricht könnte stärker auf die Bedürfnisse und die Lernwege der Schülerinnen und Schüler zugeschnitten werden, die individuellen Stärken könnten erkannt

und durch zusätzliche „passgenaue" Angebote weiterentwickelt werden, sowohl im Unterricht, als auch durch Zusatzangebote im Wahlbereich."

2.3.3 Mehr Chancengleichheit im Bildungssystem

„Auch die Stärkung der Chancengleichheit im Bildungssystem wird mit dem Ausbau von Ganztagsschulen in Verbindung gebracht." (Stötzel & Wagener, 2014, S.62)

Die unterschiedlichen Leistungsvergleichsstudien zeigen auf, dass in Deutschland trotz vieler Schulreformbemühungen in den letzten Jahren immer noch ein enger Zusammenhang zwischen der sozialen Herkunft und den Bildungschancen besteht (Steiner, 2009).

Dabei gilt es, drei risikoreiche Umstände in Familien hervorzuheben, die einen negativen Einfluss auf die Bildungschancen der Kinder und Jugendlichen haben können. Zu diesen drei risikoreichen Umständen zählen eine Erwerbslosigkeit der Eltern, ein zu geringes Familieneinkommen sowie ein geringes Ausbildungsniveau der Eltern (Stötzel & Wagener, 2014).

Untersuchungen aus dem Jahr 2008 ergaben, dass fast ein Drittel aller unter 18-jährigen in Deutschland mindestens von einem dieser drei Umstände betroffen war. Um dieser immer noch vorherrschenden Bildungsungleichheit entgegenzuwirken, begann die Bundesregierung mit dem Ausbau der Ganztagsschulen. Das Ziel war es, mit Einbeziehung außerschulischer Partner, wie z.B. der Jugendhilfe, die Kompetenzen der SuS zu stärken, die betroffenen Eltern zu unterstützen und die Bildungsungleichheiten zu kompensieren (Stötzel & Wagener, 2014).

Das herkömmliche Halbtagsschulsystem setzt voraus, dass die Eltern ihren Kindern bei den anstehenden Hausaufgaben und den Vorbereitungen auf den nächsten Schultag unterstützen. Für Kinder, die aus sozial schwächeren Verhältnissen stammen und auf diese Unterstützung nicht zurückgreifen können, entstehen dementsprechend Nachteile. In diesen Fällen kann die Ganztagsschule unterstützend wirken, denn sie bietet SuS die Möglichkeit, die Hausaufgaben und die Vorbereitungen auf den nächsten Schultag bereits in der Schule mit Unterstützung von ausgebildeten Lehrkräften durchzuführen (Portmann, 2004).

Im Folgenden sollen noch zwei weitere Punkte Erwähnung finden, die auf die Autorin Rosemarie Portmann (2004) zurückzuführen sind.

Portmann (2004) geht davon aus, dass eine ganztägige Betreuung der SuS überdies die Möglichkeit bietet, die soziale Integration zu fördern. Durch die zusätzliche gemeinsam verbrachte Zeit in der Schule und die Durchführung der verschiedenen Wahlangebote begegnen sich die SuS auf eine andere Art und Weise, lernen die Unterschiede der anderen kennen und können ein friedliches Zusammenleben einüben.

Weiterhin stellt die Ganztagsschule eine tolle Alternative für viele Kinder dar, ihre Freizeit sinnvoll zu gestalten. Dass dies ein wichtiger Aspekt ist, verdeutlichen die folgenden Worte.

> „Zum Teil würde Freizeit zu Hause „abgesessen", „action" nicht in der Realität, sondern am Fernsehapparat oder am Computer erlebt. Zum Teil würden Kinder und Jugendliche auf der Straße herumhängen. In der Langeweile liegt ein Hauptmotiv für entgleitendes und fehlverlaufendes Verhalten bis hin zur Kriminalität." (Portmann, 2004, S.29)

Gerade eine sinnstiftende Kooperation zwischen der Schule und außerschulischen Einrichtungen, wie z.B. Vereinen, kann hierbei als eine hervorragende Alternative dienen (Portmann, 2004).

Abschließend lässt sich jedoch festhalten, dass die Ganztagsschulen wohl kaum alle an sie gestellten Erwartungen erfüllen können. Der Autor Rauschenbach gelangt zu folgendem Schluss:

> „So sollen sie Familien entlasten, Müttern den Wiedereinstieg in den Beruf erleichtern und vor allem jedes einzelne Kind besser und gezielter fördern. Dafür fehlen ihnen allerdings meistens die notwendigen personalen und finanziellen Mittel. Daher ist die Gefahr groß, dieses Projekt konzeptionell und strukturell zu überfordern- zumal sich am Horizont kein fachlich-politischer Konsens abzeichnet, was eine gute Ganztagsschule wirklich kennzeichnet." (Stötzel & Wagener, 2014, S.64 zit. n. Rauschenbach)

2.4 Kritische Betrachtung

Trotz der vielen positiven Aspekte, die der Ausbau der Ganztagsschulen mit sich bringen soll, stehen einige der Entwicklung der Ganztagsschule kritisch gegenüber. Während es als Ziel definiert wurde, mit Hilfe des Ausbaus der Ganztagsschulen die Vereinbarkeit von Familie und Erwerbstätigkeit zu fördern, argumentieren Kritiker, dass im Rahmen der Ganztagsschule die Kinder den Familien entzogen werden und die Eltern möglicherweise die Kontrolle über das eigene Kind verlieren (Portmann, 2004). Einige Eltern äußerten in diesem Zusammenhang die Befürchtung, dass sie durch die Verlängerung der Schulzeit weniger bis gar keine Zeit mehr dafür hätten, einen Einblick in die schulische Entwicklung ihrer Kinder zu erhalten. Zugleich sind einige Eltern besorgt, dass der generelle Einfluss auf die eigenen Kinder abnehmen könnte und den Kindern in der Schule Werte vermittelt werden, mit denen sie nicht übereinstimmen (Portmann, 2004).

Allerdings muss hierbei seitens der Kritiker beachtet werden, dass heutzutage oftmals beide Elternteile erwerbstätig und somit spät zu Hause sind. Die meisten Kinder, die eine Ganztagsschule besuchen, sind vor den eigenen Eltern zu Hause. Infolgedessen ist die Befürchtung vor einer Abnahme des generellen Einflusses durch die Ganztagsschule nicht gerechtfertigt (Portmann, 2004).

Die Befürchtung einiger Eltern, dass sie als Folge der Verlängerung des Schultags keinen Einblick mehr in die schulische Entwicklung ihrer Kinder erhalten würden, da diese alle ihre Schulaufgaben bereits in der Schule erledigen, kann gerechtfertigt sein.

> „Allerdings haben es die meisten Ganztagsschulen bisher noch nicht geschafft, die familiäre Mitarbeit gänzlich überflüssig zu machen, sie sind im Allgemeinen noch nicht „hausaufgabenfrei". (Portmann, 2004, S.24)

Weiter führen Kritiker an, dass es keine empirischen Untersuchungen gibt, die den Zusammenhang von Ganztagsschulen und einer verbesserten Schulleistung bestätigen, wovon viele nach den PISA-Ergebnissen ausgegangen sind, da die Länder mit guten Ergebnissen ein Schulsystem haben, das auf die Ganztagsschule ausgerichtet ist. Die Kritiker führen die guten Ergebnisse auf die anderen Schulsysteme zurück, die in den anderen Ländern etabliert sind (Portmann, 2004).

Fernerhin sehen die Kritiker die Fokussierung auf die Leistungsschwächeren zur Überwindung der Chancenungleichheit als problematisch an. Demzufolge haben sie die Befürchtung, dass die unmittelbare Folge der Fokussierung auf die Leistungsschwachen die Vernachlässigung der Leistungsstarken sein könnte. Allerdings gibt es in diesem Zusammenhang keine wissenschaftliche Belege, die diese Vermutung bestätigen. Jedoch ließ sich durch Untersuchungen eruieren, dass die SuS mit schlechteren Voraussetzungen, im Gegensatz zu den SuS mit besseren Voraussetzungen, ihre schulischen Leistungen verbessern konnten. Daraus ist zu schlussfolgern, dass im Rahmen der Ganztagsschule die Leistungsunterschiede von SuS nivelliert werden können (Portmann, 2004). Eine mögliche Deduktion dieser Annahme wäre, dass sich in den Ganztagsschulen tatsächlich nur auf die Leistungsschwachen konzentriert wird. Demgegenüber könnte man aber auch konkludieren, dass die Leistungsunterschiede der SuS nicht auf die Fähigkeiten der einzelnen SuS zurückzuführen sind, sondern diese durch die elterliche Unterstützung entstehen.

Hierbei darf jedoch nicht außer Acht gelassen werden, dass in der Halbtagsschule desgleichen der Fokus auf die Unterstützung der Leistungsschwächeren gelegt wird. Demgemäß kann nicht pauschal gesagt werden, dass die Verlängerung des Schultags für die vernachlässigte Förderung der Leistungsstarken verantwortlich ist, sondern dies vielmehr auf das pädagogische Konzept der jeweiligen Schule zurückzuführen ist (Portmann, 2004).

Ein zusätzlicher Kritikpunkt stellt die Nachmittagsgestaltung der Kinder und Jugendlichen dar. Kritiker äußerten, dass sie die Befürchtung hätten, dass die Nachmittagsangebote in der Ganztagsschule lediglich auf ein paar Bereiche beschränkt wären und die Kinder und Jugendliche somit in ihrer Freizeit nicht mehr die Möglichkeit hätten, ihren eigenen Interessen und Neigungen nachgehen zu können. Dementsprechend bestehe laut der Kritiker sogar die Gefahr eines Individualitätsverlustes bei den Kindern und Jugendlichen. Dieses Argument wird häufig von bildungsnahen Familie angeführt (Portmann, 2004).

Doch diese Kritik ist weitestgehend unberechtigt, sofern das pädagogische Konzept entsprechend gestaltet ist und die Ganztagsschule über die notwendigen Mittel verfügt. Sind diese Aspekte gewährleistet, ist es der Ganztagsschule möglich, im besonderen Maße individuell auf ihre SuS einzugehen. Durch das Anbieten vieler verschiedener Angebote, in vielen verschiedenen Bereichen, ist es den Kindern und Jugendlichen möglich, auch in der Schule ihren individuellen Interessen nachzugehen. Zudem kann die Nachmittagsbetreuung der Ganztagsschule für einige Kinder, dessen Eltern nicht das nötige Geld dafür aufbringen können, ferner dafür sorgen, dass diese genauso die Möglichkeit erhalten, ihren individuellen Neigungen und Interessen nachzugehen (Portmann, 2004).

Die Angebote in der Ganztagsschule dürfen nicht zu eindimensional und zu eng begrenzt sein. Dies kann durch die Zusammenarbeit zwischen der Schule und außerschulischen Partnern gewährleistet werden. Gelingt es den Ganztagsschulen dies gut umzusetzen, dann bietet sich eine Möglichkeit, allen Kindern in Sachen Freizeitgestaltung gerecht zu werden (Portmann, 2004).

Portmann (2004) vertritt in ihrer Publikation die provokante These, dass gut organisierte Ganztagsschulen, die ihren SuS eine Vielzahl an unterschiedlichen Angeboten offerieren, nicht zu einem Verlust der Individualität führen, „sondern zu einem Verlust von Privilegien." (Portmann, 2004, S.28)

Nachdem im vorliegenden Kapitel eruiert wurde, was eine Ganztagsschule ist, zusätzlich die historische Entwicklung der modernen Ganztagsschule betrachtet und dargestellt wurde, welche Erwartungen und Ziele an sie geknüpft sind, soll nun im Folgenden der Stellenwert von Bewegung, Spiel und Sport in der Ganztagsschule herausgearbeitet werden. Zu diesem Zweck wird auf die Wichtigkeit von Bewegung, Spiel und Sport für die Entwicklung der Kinder und Jugendlichen eingegangen.

3 Der Stellenwert von Bewegung, Spiel und Sport in der Ganztagsschule

Wenn es um die wichtigsten und häufigsten Freizeitbeschäftigungen von Kindern und Jugendlichen geht, ist der Sport die unangefochtene Nummer 1. Untersuchungen ergaben, dass rund 80 % aller Kinder und Jugendlichen in Deutschland wenigstens einmal Mitglied in einem Sportverein sind. Somit lässt sich konstatieren, dass Bewegungsaktivitäten auf Grund ihrer Beliebtheit nicht nur den Bedürfnissen von Kindern und Jugendlichen entsprechen, sondern darüber hinaus einen guten Ausgangspunkt für den Einsatz im Ganztagsbetrieb darstellen (Neuber & Schmidt-Millard, 2006).

Hinzukommend werden an die Bewegung als vermittelndes Element hohe Erwartungen geknüpft, einen Beitrag zur Erziehung und Bildung von Kindern und Jugendlichen zu leisten. Die neue Sportpädagogik verdeutlicht wiederholt, dass schulische sowie außerschulische Konzepte mit Hilfe von Bewegung, Spiel und Sport Möglichkeiten kreieren können, die Entwicklung von Kindern und Jugendlichen nachhaltig zu fördern (Neuber & Schmidt-Millard, 2006).

> „Entwicklungstheoretische, bewegungstheoretische und schultheoretische Begründungen verweisen auf die Bedeutsamkeit, die das Sich-Bewegen im Kontext der Schule hat. Als sinnerfülltes, gegenwartsbezogenes Tun eröffnet die Bewegung Heranwachsenden Möglichkeiten der Selbsterfahrung und Selbstgestaltung, die nicht austauschbar sind. Bewegung, Spiel und Sport sind darum wesentliche Grundlagen einer individuellen Entwicklungsförderung, die auch in der Ganztagsschule nicht fehlen dürfen." (Neuber & Schmidt-Millard, 2006, S.5)

Aus dem Grunde, dass im Rahmen der Ganztagsschulen die Kinder und Jugendlichen die meiste außerfamiliäre Zeit in der Schule verbringen, bietet die Schule eine großartige Möglichkeit der Bewegungsvermittlung. In diesem Bereich verfügen die Ganztagsschulen über mehr Möglichkeiten als die Halbtagsschulen, da die Ganztagsschulen dem Sport mehr Zeit einräumen können (Rauschenbach & Züchner, 2011).

Nachdem kurz dargestellt wurde, welchen Stellenwert der Bereich Bewegung, Spiel und Sport bei den jungen Heranwachsenden einnimmt und dass die Ganztagsschule mit ihren Gegebenheiten über eine Menge Möglichkeiten im Bereich der Bewegungsvermittlung verfügt, soll nun im Folgenden die Wichtigkeit von Bewegung, Spiel und Sport für die Entwicklung der Kinder und Jugendlichen verdeutlicht werden.

3.1 Die veränderte Lebenswelt der Kinder und Jugendlichen in Bezug auf Bewegung

Laut Dordel (2003) ist Bewegung ein natürliches Grundbedürfnis des Menschen. Sie bietet dem Menschen die Möglichkeit, sich aktiv mit der Umwelt auseinanderzusetzen.

> „Erst durch Bewegung sind wir lebens- und handlungsfähig. Sie ermöglicht es uns, unsere Umwelt zu erkunden und zu verändern. Bewegung spielt also eine zentrale Rolle im Leben eines jeden Menschen. Besonders im Kindesalter ist sie von großer Bedeutung. (Michaelsen, 2007, S.9)

Dieses Zitat unterstreicht die Relevanz von Bewegung für uns Menschen. Insbesondere für Heranwachsende stellt sie eine enorme Signifikanz dar. Statistiken aus den letzten Jahren belegen jedoch, dass in unserer Gesellschaft immer mehr Kinder eine Bewegungsunlust aufweisen (Michaelsen, 2007). Dies lässt sich auf die allgemeine gesellschaftliche Veränderung zurückführen. Folglich lassen sich prägnante Veränderungen in der kindlichen Lebenswelt in Bezug auf den Bewegungsalltag in den letzten 60 Jahren feststellen. Die in den 70er Jahren einsetzenden „gesellschaftlichen, wirtschaftlichen und umweltbezogenen Umwälzungen" (Schmelt, Hoffmann & Naul, 2011, S.118) in Form der Urbanisierung und Verhäuslichung, sorgen dafür, dass die Möglichkeiten für Kinder, frei und selbstorganisiert spielen zu können, maßgeblich eingeschränkt wurden (Schmelt et al., 2011). Entsprechend kam eine Studie zu dem Ergebnis, dass ein Viertel aller Kinder in Deutschland nur einmal in der Woche einer spielenden Tätigkeit nachgeht. Zugleich ließ sich eruieren, dass ca. 37% aller Kinder täglich draußen und 50-60% häufig in der Wohnung spielen (Schmelt et al., 2011).

Die Urbanisierung erforderte die Erbauung von neuen Häusern und Wohnungen auf den wenigen freien Flächen, die noch existieren. Gleichzeitig hat der Straßenverkehr um ein Vielfaches zugenommen, was zur Folge hat, dass das Spielen im Freien für die Kinder mit immer größeren Risiken einhergeht (Schmelt et al., 2011).

Daneben ist an vielen öffentlichen Plätzen wie Wiesen, Wälder oder Seen der Zugang verboten, was sich ebenfalls hemmend auf die Bewegungsmöglichkeiten von Kindern und Jugendlichen auswirkt (Ziroli, 2006).

Überdies sorgt die Technisierung der Alltagswelt und der damit einhergehende, steigende Medienkonsum für Veränderungen in der Lebenswelt von Kindern und Jugendlichen. Die Freizeit dieser wird oftmals zu Hause und im Sitzen vor dem

Computer oder dem Fernseher verbracht, was ebenfalls einschränkende Auswirkungen auf das Bewegungsverhalten hat. Hierbei besteht die Gefahr, dass viele Eltern auf Grund ihrer Erwerbstätigkeit nicht die Möglichkeit haben, den Medienkonsum ihrer Kinder zu überwachen. Aus Untersuchungen geht jedoch hervor, dass ein übermäßiger Konsum von Medien bei Kindern und Jugendlichen zu Antriebslosigkeit sowie Müdigkeit führt und infolgedessen das Bewegungsleben der Kinder erheblich reduziert wird (Ziroli, 2006).

In weiteren Untersuchungen konnte festgestellt werden, dass die veränderten Lebensbedingungen Auswirkungen auf die „gesamte quantitative, tägliche Bewegungszeit" (Schmelt et al., 2011, S.118) hat. Hiernach bewegen sich Kinder und Jugendliche in Europa weniger als zwei Stunden am Tag und sind deutlich weniger als eine Stunde am Tag sportlich aktiv. Aus Empfehlungen der WHO (World Health Organization) geht dahingegen hervor, dass Kinder mindestens 60 min am Tag körperliche Aktivität brauchen und zweimal in der Woche eine Aktivität durchführen sollten, die die Muskelkraft verbessert (Schmelt et al., 2011).

Größing (1993) vertritt in seiner Publikation folgende Meinung:

> „Einer solcherart bewegungsfeindlichen Umwelt alltäglich ausgesetzt zu sein, fördert das bewegungsvermeidende Verhalten, läßt Bewegungsantriebe verkümmern und gibt den Bewegungsspielen wenig Chancen, der reichhaltigen Verlockung der Sitzspiele ein wirksames Angebot entgegenzustellen. (Größing, 1993, S.124)

Die Folgen, die aus der veränderten Lebenswelt der Kinder und der damit einhergehenden Bewegungsarmut resultieren, sind vielseitig. Unzweifelhaft sind die Auswirkungen auf die Gesundheit der Kinder und Jugendlichen. Der Mangel an Bewegung ist die Hauptursache für Übergewicht und Haltungsschwächen (Ziroli, 2006). Hinzu kommen auftretende Konzentrationsschwächen der SuS, die mit dem Alter und der Klassenstufe immer weiter zunehmen. So wurde durch eine repräsentative Studie im Jahr 2002 herausgefunden, dass als Folge von einem Bewegungsmangel 40-50% aller befragten Grundschüler eine psychosomatisch bedingte Befindlichkeitsstörung aufweisen, zu deren Symptomen Konzentrationsschwierigkeiten, Schlafstörungen sowie Bauch- Kopf- und Rückenschmerzen gehören (Ziroli, 2006).

Fernerhin kann sich Bewegungsarmut negativ auf die Entwicklung von Kindern und Jugendlichen auswirken. Schließlich wird der Bewegung bis zum Erreichen des zehnten Lebensjahres ein ganz besonderer Stellenwert beigemessen, da hauptsächlich diese in den ersten zehn Jahren des Lebens für die Verschaltung von Nervenzellen verantwortlich ist. Werden die Nervenzellen nicht mit anderen Nervenzellen oder der Muskulatur verschaltet, folgt daraus der Abbau dieser (Michaelsen, 2007). Das dies ein wichtiger Prozess ist, verdeutlicht das nachstehende Zitat.

> „Bewegungen sind die größte Anregung zur Verschaltung von Nervenzellen. Dadurch ist Bewegung besonders bis zum zehnten Lebensjahr dafür verantwortlich, dass so viele Nervenzellen wie möglich miteinander verschaltet werden und so wenige wie möglich abgebaut werden. Diese, durch Bewegung gewonnenen, Verschaltungen können in späteren Jahren für Intelligenzleistungen genutzt werden." (Michaelsen, 2007, S.21)

Abschließend lässt sich festhalten, dass die veränderten Lebensbedingungen der Kinder und Jugendlichen zu einer Bewegungsarmut bei diesen führen. Dabei spielt nicht nur der übermäßige Medienkonsum und die damit einhergehende Ruhigstellung des Körpers eine Rolle, sondern auch die bewegungsfeindliche Umwelt. Den Kindern werden die Möglichkeiten genommen, primäre und eigenständige Erfahrungen in der immer abstrakter werdenden Welt zu sammeln (Zirolis, 2006). Diese Tatsache spricht dafür, dass die Schulen mehr Bewegung in ihren Schulalltag integrieren sollten. Hierfür bieten insbesondere die Ganztagsschulen eine hervorragende Möglichkeit, da sie der Bewegung und dem Sport mehr Zeit einräumen können (Rauschenbach & Züchner, 2011).

Im Folgenden werden weitere Begründungen für den vermehrten Einsatz von Bewegung, Spiel und Sport in der Ganztagsschule aufgezeigt.

3.2 Begründungen für Bewegung, Spiel und Sport in der Ganztagsschule

„Bewegung stellt eine der wesentlichsten Grundlagen für die Entwicklung hinsichtlich kognitiver, sozialer und emotionaler Verhaltensweisen dar." (Hollmann, 2004, S.34)

Im weiteren Verlauf dieses Kapitels soll insofern auf die unterschiedlichen Bereiche eingegangen werden, die sich durch Bewegung fördern und unterstützen lassen.

3.2.1 Förderung des Selbstkonzepts

Bewegungen üben Einfluss auf die Entfaltung eines jeden Menschen aus. „So beeinflussen sie u.a. die Bildung des Selbstkonzepts und die Körpererfahrung" (Michaelsen, 2011, S.12). Laut Müller (2003) ist das Selbstkonzept eine wichtige Handlungsorientierung. In dem Zeitraum, in dem sich das Selbstkonzept entwickelt, dienen körperliche Fähigkeiten als „Ankervariablen" (Müller, 2003, S.27). Demnach ist es für die Entwicklung des Selbstkonzepts sowie der eigenen Persönlichkeit von hoher Relevanz, wie der Umgang mit dem eigenen Körper erlebt wird (Michaelsen, 2011).

Insbesondere bei Kindern im Grundschulalter sind Bewegungshandlungen essenziell, „weil körperliche Fähigkeiten für die Selbstwahrnehmung- aber auch für den sozialen Status- eine große Rolle spielen" (Michaelsen, 2011, S.11). Zugleich kann durch den intuitiven Gebrauch von Bewegung das Vertrauen in die individuellen Kräfte gestärkt werden. Mit Hilfe der Bewegung kann man das eigene Verhalten und die jeweilige Situation beherrschen, was zur Folge hat, dass das Selbstvertrauen gestärkt wird, da man sich über die eigene Handlungsfähigkeit im Klaren ist (Michaelsen, 2011).

Die Autorin Michaelsen (2011, S.13) gelangt in ihrer Publikation zu folgendem Schluss:

> „Positive Erfahrungen mit Bewegung vermitteln ein positives Selbstkonzept. Daraus resultiert eine größere emotionale Stabilität, was wiederum die sozialen Kompetenzen erweitert."

3.2.2 Medizinisch- gesundheitswissenschaftliche Begründung

Auch aus der gesundheitlichen Perspektive betrachtet, stellt Bewegung eine wichtige Funktion dar. Laut Weineck (1997) ist der Mensch auf Bewegung ausgelegt. Wie aber bereits in Kapitel 3.1 erwähnt, hat sich die Umwelt der Menschen dahingehend verändert, dass sie dem natürlichen Bewegungsdrang immer weniger nachkommen. Die daraus resultierenden fehlenden Bewegungsreize können sich negativ auf die körperliche Entwicklung von Kindern und Jugendlichen auswirken (Weineck, 1997).

Die medizinisch- gesundheitswissenschaftlichen Begründungen beziehen sich im Besonderen auf die Zunahme der sogenannten Zivilisationskrankheiten bei Kindern und Jugendlichen. Demzufolge sind immer mehr von ihnen von Herz-

Kreislauf- Beschwerden, Koordinationsmängeln und Adipositas betroffen (Thiel, Teubert & Kleindienst-Cachay, 2013).

Auf Grund einer Unterentwicklung vieler Kinder und Jugendlicher im Bereich der Kraft heutzutage, kommen verstärkt Haltungsschäden hinzu (Michaelsen, 2011). Untersuchungen in Bayern ergaben, dass bereits 56% der Schulanfänger „Schwächen und Schäden am Knochen-, Band- und Muskelapparat aufweisen" (Ziroli, 2006, S.78). Folglich beginnen die Rückenschmerzen bereits im Kindes- und Jugendalter. Doch die Folgen einer Unterwicklung im Bereich der Kraft reichen noch weiter. Schließlich sind heutzutage bereits Kinder von einer Altersosteoporose betroffen, deren Symptome unter anderem eine erhöhte Knochenbruchneigung darstellen (Michaelsen, 2011).

Dass körperliche und sportliche Aktivitäten gesundheitliche Beschwerden vorbeugen können, konstatieren auch Schmelt et al. (2011, S.118). Sie schreiben dazu:

> „Körperliche und sportliche Aktivität sind wesentliche Einflussfaktoren auf die Gesundheit und das gesundheitliche Wohlbefinden von Kindern im Grundschulalter. Verschiedene Studien belegen den Zusammenhang zwischen regelmäßiger körperlicher Aktivität und Gesundheit."

Um diesen angesprochenen negativen Folgen der Bewegungsarmut entgegenwirken zu können, ist es unumgänglich, dies bereits im jungen Kindesalter zu tun. Somit sollte es Auftrag der Schule sein, mit Hilfe von abwechslungsreichen Bewegungsreizen eine gute körperliche Entwicklung der Kinder und Jugendlichen zu fördern (Michaelsen, 2011). Schule soll demnach zu einem Ort avancieren,

> „an dem Gesundheit im Sinne der World-Health-Organisation (WHO) als ein Zustand des physischen, psychischen und sozialen Wohlbefindens verstanden wird." (Thiel et al., 2013, S.36)

Dabei sollen die SuS in der Schule dazu angehalten werden, gesunde Lebensgewohnheiten zu entwickeln, die positive Auswirkungen auf das Bewegungsverhalten sowie das soziale Verhalten haben (Thiel et al., 2013).

Die Ganztagsschule und damit einhergehend die Möglichkeit, über den regulären Sportunterricht hinaus, Bewegungsangebote offerieren zu können, bietet hier eine hervorragende Möglichkeit, den oben genannten Forderungen gerecht zu werden und den gesundheitlichen Beschwerden der Kinder und Jugendlichen entgegenzuwirken. Hierfür reicht der reguläre Sportunterricht, der auf drei Stunden pro Woche gesetzlich festgelegt ist, nicht aus (Thiel et al., 2013).

3.2.3 Soziale Entwicklung

Zugleich lässt sich die soziale Entwicklung im Kindes- und Jugendalter durch den vermehrten Einsatz von Bewegung fördern. Demnach entwickeln Kinder ihre sozialen Fähigkeiten durch Erfahrungen, die sie im alltäglichen Umgang und Zusammenleben mit anderen Kindern sammeln. Besonders Sportangebote haben sich in diesem Zusammenhang bewährt, da diese viele Situationen mit sich bringen, in denen Kinder mit anderen Kindern in Kontakt treten und Konflikte lösen müssen (Michaelsen, 2011). Zusätzlich lernen die Kinder in Sportspielen die Einbindung Schwächerer in die Gruppe sowie das Aufstellen und Einhalten von Regeln (Hundeloh, Lohmann & Pack, 2015).

Mit Hilfe dieser Aufgaben und Probleme, die in den verschiedenen Spielen auftreten, ergibt sich für Kinder die Möglichkeit, die Grundregeln des Sozialverhaltens zu erproben und zu entwickeln (Michaelsen, 2011).

3.2.4 Kognitive Entwicklung

Die Wissensaufnahme bei Menschen erfolgt durch die verschiedenen Sinneskanäle. Je mehr Kanäle für die Wahrnehmung genutzt werden, desto besser und nachhaltiger kann das Wissen implementiert werden (Müller & Petzold, 2014). Die in diesem Zusammenhang am häufigsten verwendeten Analysatoren sind die optischen und akustischen. Durch die Hinzunahme des Bewegungssinns kann der Lernprozess potenziert werden. Bewegung sorgt dafür, dass das Gehirn besser durchblutet wird und es infolgedessen zu einer besseren Gehirnleistung kommt, da die erhöhte Gehirndurchblutung eine verstärkte Synapsenbildung nach sich zieht. Dabei muss nicht auf besonders umfangreiche Bewegungsaktivitäten zurückgegriffen werden. Untersuchungen ergaben, dass bereits ein normaler Spaziergang dafür sorgen kann, dass die Durchblutung des Gehirns um 14% ansteigt (Müller & Petzold, 2014).

Zusätzlich wurde in Kapitel 3.1 bereits erwähnt, dass der Mensch in ganz jungen Jahren eine Vielzahl von Nervenzellen besitzt und es von großer Wichtigkeit ist, dass diese miteinander vernetzt werden, damit sie erhalten bleiben. In erster Linie sorgen Bewegungsreize für die erfolgreiche synaptische Verschaltung (Müller & Petzold, 2014).

Untersuchungen in diesem Bereich bestätigen die Annahme, dass Kinder im Vorschulalter von einer erhöhten Bewegungsfähigkeit profitieren. So konnte herausgefunden werden, dass diese Kinder einen höheren Intelligenzquotienten als Kinder mit geringeren motorischen Fähigkeiten aufweisen (Größing, 1993).

Zusammenfassend lässt sich entsprechend festhalten, dass Bewegung, Spiel und Sport einen sehr großen Einfluss auf die Entwicklung der Kinder und Jugendlichen in verschiedenen Bereichen hat. Das Ziel aller Schulen und gerade der Ganztagsschulen sollte demzufolge eine gezielte und vielseitige Bewegungserziehung im frühen Kindesalter sein, um somit die Entwicklungen und Ausprägungen verschiedener Fähigkeiten zu befördern. Je vielseitiger die Bewegungserfahrungen der Kinder und Jugendlichen im jungen Alter sind, desto mehr Eigenständigkeit und Handlungsfähigkeit entwickeln sie (Michaelsen, 2011).

4 Bewegung, Spiel und Sport in der ganztägigen Bildung

Nachdem im vorherigen Kapitel die Relevanz von Bewegung, Spiel und Sport für Kinder und Jugendliche eruiert und aufgezeigt wurde, warum dieser Bereich im Rahmen der Ganztagsschule als unerlässlich angesehen werden kann, soll im Folgenden demonstriert werden, wie der Bereich in der Ganztagsschule Anwendung findet. Dabei werden unterschiedliche Formen von bewegungsorientierten Ganztagsschulkonzepten vorgestellt, die die aktuellen Entwicklungslinien darstellen. Im Anschluss daran wird die Kooperation zwischen Ganztagsschulen und den Sportvereinen näher betrachtet.

4.1 Bewegungsorientierte Ganztagskonzeptionen

Die aktuellen Ganztagsschulkonzepte lassen sich grob in integrative und additive Konzepte unterteilen, die wiederum weitere differenzierende Realisierungsmöglichkeiten beinhalten (Laging, 2014).

In diesem Zusammenhang lassen sich drei Formen der Ganztagsschulkonzepte erkennen, die verschiedene Möglichkeiten mit sich bringen, Bewegungs-, Spiel- und Sportangebote in der Ganztagsschule zu offerieren. Hierbei wird stets das Verhältnis von schulischer und außerschulischer Bildung als auch die Kooperationen der Ganztagsschulen mit den außerschulischen Partnern berücksichtigt (Laging, 2014).

Somit gilt es an dieser Stelle zu betonen, dass die bewegungsorientierten Ganztagskonzeptionen, die im Folgenden vorgestellt werden, in der Regel mit einer Kooperation mit außerschulischen Trägern verbunden sind. Entsprechend handelt es sich um Kooperationskonzepte.

Die nachfolgende Abbildung soll einen ersten Überblick über die drei Formen der Kooperation zwischen der Ganztagsschule und dem Sportverein geben und aufzeigen, wie die jeweilige Kooperationsform charakterisiert ist.

Abbildung 2: Additive und integrative Formen der Kooperation von Ganztagsschule und Sportverein in Bezug zu den Organisationsmodellen von Ganztagsschulen (Laging, 2014, S.32)

4.1.1 Additiv-Duales Kooperationsmodell

Dieses Kooperationsmodell lässt sich vor allem im Rahmen der offenen Ganztagsschule realisieren. Ein Merkmal dieses Konzepts ist die rigide Trennung von dem unterrichtlichen Vormittag und dem außerschulischen Nachmittag, was zur Folge hat, dass der unterrichtliche Vormittag und der außerunterrichtliche Nachmittag keinen gemeinsamen Bildungsauftrag aufweisen. Reckzeh (2015, S.33) dazu:

> „Verein und Schule können dabei nur nebeneinander arbeiten, da im Verein das Selektionsprinzip vorherrscht und die Schule die Förderung aller SuS anstrebt. Folglich ist festzuhalten, dass die Kooperation sich hier auf organisatorische Absprachen beschränkt."

Die Angebote im Bereich Bewegung, Spiel und Sport finden demnach in Form von AGs am Nachmittag statt und werden meist von nicht-pädagogisch ausgebildeten Übungsleitern und Trainern aus den Sportvereinen in eigener Verantwortung angeboten und durchgeführt (Naul, 2014). Die Zielsetzung ist dabei nicht erzieherisch, sondern leistungsorientiert (Fessler, 2004). Häufig wird bei den Bewegungsangeboten auf Sportarten gesetzt, die als Trendsportarten gelten, um auch tendenziell unbekannteren Sportarten die Möglichkeit zu geben, den Einzug in die Schule zu finden. Dieses supplementäre Kontrastprogramm zählt bis heute zu den am häufigsten vorkommenden Bildungskonzepten aller Bundesländer (Naul, 2014).

4.1.2 Kooperation durch komplementäre Ganztagsbildung

Das zweite Kooperationsmodell stellt die Kooperation durch komplementäre Ganztagsbildung dar. Im Gegensatz zum additiv-dualem Modell findet in diesem Modell der Erziehungsaspekt Berücksichtigung (Laging, 2014). Der Tatsache geschuldet, dass die Sportvereine sich zum Ziel gesetzt haben, ebenfalls an der Entwicklungsförderung sowie der Erziehung von SuS teilnehmen zu können, entwickelte sich ein pädagogisches Programm, bei dem die Kooperation von Verein und Schule intensiviert wird, wobei der Verein sich in diesem Szenario als Stellvertreter der Jugendhilfe versteht (Reckzeh, 2015). Hierbei gilt es hervorzuheben, dass die angebotenen Programme und der reguläre Sportunterricht nebeneinander gestellt sind.

> „Dieses Modell der Verknüpfung von Schule und Vereinen in eine Ganztagsbildung wird als komplementäres Kooperationsmodell bezeichnet, da beide Akteure ihr eigenes Bildungsverständnis und -anspruch in den Ganztag integrieren, dabei jedoch die Eigenständigkeit und Differenzen der Schule und des Vereins akzeptieren und respektieren." (Reckzeh, 2015, S.34)

Auch dieses Kooperationsmodell ist speziell auf offene Ganztagsschulen ausgerichtet und verfolgt das Ziel, dass die Schulen und der Sportverein gleichberechtigt ein Bewegungskonzept entwickeln (Reckzeh, 2015). Die offerierten Sportangebote sind hierbei sehr vielfältig und dienen zudem der Sichtung und Förderung von Talenten. Die Verantwortung für die Nachmittagsangebote trägt die Schule in Kooperation mit dem Sportverein (Laging, 2007a).

4.1.3 Kooperation durch Inklusion von Bewegung, Spiel und Sport in den Ganztag

Charakteristisch für das letzte Modell ist, dass die Lehrkräfte und Übungsleiter sich gegenüber dem Anderen öffnen, um die angestrebte Zusammenarbeit gewährleisten zu können. Dies impliziert auf der einen Seite, dass die Lehrkräfte die Bereitschaft signalisieren, mit den Übungsleitern, die aus den Vereinen stammen, zusammen zu arbeiten (Reckzeh, 2015). Auf der anderen Seite erfordert die beidseitige Öffnung, dass die Vereine ihren Übungsleitern eine Weiterbildung im Bereich der Vermittlung ermöglichen, „so dass eine Kooperation unter einem einheitlichen Bildungsverständnis in der Schule realisierbar wird." (Reckzeh, 2015, S.35)

Komplementär zum schulischen Sportunterricht, der weiterhin von den Lehrkräften autonom durchgeführt wird, bietet die Integration der außerschulischen Angebote im Bereich Bewegung, Spiel und Sport die Möglichkeit, eine Schaffung der

Schulkultur zu generieren (Laging, 2007a). Durch die Kompromissbereitschaft beider Seiten und der damit einhergehenden Bereitschaft zur Öffnung gegenüber dem anderen, haben beide Institutionen die Möglichkeit, ihre eigenen Interessen „in den Kontext eines pädagogischen Ganztagskonzepts" (Reckzeh, S.36) einzubringen. Somit ist es für das Gelingen dieses Kooperationsmodells unerlässlich, dass beide Parteien übereinstimmende Grundeinstellungen zu den Themen Bildungsverständnis und Bewegung aufweisen (Reckzeh, 2015).

Zusammenfassend kann festgehalten werden, dass die Trennung von unterrichtlichem Vormittag und außerunterrichtlichem Nachmittag und die fehlende Verbundenheit für alle SuS beim additiven Konzept tendenziell zu einer autonomen Sportkultur neben der Schulkultur führen. Im Gegensatz dazu kann im integrativen Modell der Sportverein als außerschulische Partner die Schulkultur aktiv mitgestalten (Laging, 2007a).

Weiterhin lässt sich feststellen, dass die Zunahme der außerunterrichtlichen Angebote auf „einem neuen, erweiterten Bildungsauftrag für die verschiedenen unterrichtlichen Veranstaltungen und außerunterrichtlichen Angebote" (Aschebrock & Pack, 2011, S.52) beruht. Aus diesem Grund werden die herkömmlichen Bildungsmaßnahmen der Halbtagsschule im Rahmen der Ganztagsschule zu einem großen Teil durch die Hinzunahme von außerschulischen Trägern komplementiert, da die Ganztagsschule die an sie gerichteten Erwartungen nur durch die Unterstützung dieser erfüllen können (Hundeloh et al., 2014). Der wichtigste außerschulische Träger für die Schulen ist der gemeinnützige Kinder- und Jugendsport mit seinen Angeboten aus dem Bereich Bewegung, Spiel und Sport (Aschebrock & Pack, 2011).

Angesichts der Tatsache, dass die bewegungsorientierten Ganztagskonzeptionen allesamt durch eine Kooperation zwischen der Ganztagsschule und dem Sportverein gekennzeichnet sind, muss dieser Kooperation ein besonders hoher Stellenwert beigemessen werden. Dementsprechend wird im Folgenden auf diesen Aspekt genauer im Detail eingegangen.

4.2 Kooperation zwischen Ganztagsschule und Sportverein

Der Sportverein gilt als der Träger, der die meisten Angebote im Bereich Bewegung, Spiel und Sport offeriert. Dieser Bereich gilt als der beliebteste Kooperationsbereich bei Ganztagsschulen (StEG- Konsortium, 2015). Die intensive Zusammenarbeit dieser beiden Instanzen ermöglichen, dass tägliche und qualifizierte Angebote im Bereich Bewegung, Spiel und Sport zur Verfügung gestellt werden können. Zudem können angesichts der Kumulation der Ressourcen „beide Organisationen ihren jeweiligen Bildungs- und Bewegungsauftrag optimieren." (KreisSportBund Hochsauerlandkreis e.V, 2012, S.6)

Dessen ungeachtet wurde der Ausbau der Ganztagschulen von vielen Sportvereinen zunächst kritisch betrachtet. Mithin hatten viele Vereine die Befürchtung, dass sie durch den Ausbau der Ganztagsschulen und der damit einhergehenden Ausweitung der Schulzeiten viele junge Mitglieder sowie Raumkapazitäten verlieren würden. Um dem entgegenzuwirken, forcierten sie seit Beginn der Ganztagsschuldebatte die Zusammenarbeit zwischen ihnen und den Ganztagsschulen (Züchner & Rauschenbach, 2011). Dabei verfolgen die Vereine als auch die Schulen das Ziel, den SuS Bewegung und Sport näher zu bringen, sie für diese Themen zu begeistern und zu lebenslangem Sporttreiben zu motivieren. Supplementär ergibt sich durch die Zusammenarbeit die Möglichkeit, gemeinsam etwas zu bewegen und der immer weiter steigenden Bewegungsarmut und teilweise auch Orientierungslosigkeit bei Kindern und Jugendlichen entgegenwirken zu können (Stahmer, 1999).

Doch trotz der hervorragenden Möglichkeiten, die sich für die Schulen durch die Kooperationen mit außerschulischen Partnern wie dem Sportverein bieten, lassen nicht alle Schulen die Angebote im Rahmen der Ganztagsschule von Kooperationspartnern durchführen. Hiernach bevorzugen einige Schulen die Durchführung ihrer Angebote im Ganztagsbetrieb durch die eigenen Lehrkräften und gegebenenfalls weiteres pädagogisches Personal, das an der Schule tätig ist (Reckzeh, 2015). Befragungen hierzu ergaben, dass die Lehrkräfte es „aus pädagogischen Gründen und aufgrund der anderen Begegnungsmöglichkeiten zu den SuS" (Reckzeh, 2015, S.31), präferieren, die Angebote im Bereich des Sports selber durchzuführen. Ungeachtet dieser Tatsache jedoch, bieten Kooperationspartner Möglichkeiten und Chancen für die SuS, die eine Schule alleine nicht realisieren könnte (Reckzeh, 2015, S.31). Demzufolge kann eine Ganztagsschule durch eine erfolgreiche Kooperation mit einem außerschulischen Partner beispielsweise„das eigene Schulprofil spezialisieren und interessanter gestalten, bzw. Alleinstellungsmerkmale und Spezifika erstellen" (Reckzeh, S.31).

Gleichwohl profitiert der Sportverein in vielerlei Hinsicht durch die Kooperation mit einer Ganztagsschule (Züchner & Rauschenbach, 2011). Folglich ergeben sich durch eine Zusammenarbeit sowohl für die Ganztagsschulen als auch für die Sportvereine Chancen und Möglichkeiten, die im Folgenden kurz erläutert werden sollen. Dabei wird sich auf die Handreichung vom KreisSportBund Hochsauerlandkreis e.V. für Schulen und Sportvereine mit dem Titel „Kooperation Schule - Verein" beschränkt, da diese aus Sicht des Autors dieser wissenschaftlichen Arbeit die Chancen für beide Instanzen gut zusammengefasst darstellt.

4.2.1 Chancen für die Schule

Eine Kooperation mit einem Sportverein ermöglicht es einer Schule, das außerunterrichtliche Schulsportangebot sowie das individuelle Schulprogramm zu erweitern. Hinzukommend lässt sich durch die Zusammenarbeit mit einem Sportverein die Optimierung der Wettkampfvorbereitungen von Schulmannschaften realisieren. Hierbei können die Trainings- und Übungsleiter aus den Vereinen mit ihrem erweiterten Kenntnisstand den Lehrkräften, die für den Aufbau von Schulmannschaften zuständig sind, unterstützend zur Seite stehen. Insbesondere durch den Austausch zwischen beiden Seiten, kann der fachdidaktische Kenntnisstand erweitert werden. Des Weiteren können die Übungs- und Trainingsleiter den Lehrkräften bei großen Sportveranstaltungen assistieren, die sich in der Folge besser realisieren lassen. Ein weiterer Vorteil, der sich für die Schulen durch die Kooperation mit einem Sportverein ergibt, ist die finanzielle Unterstützung seitens der jeweiligen Bundesländer. (KreisSportBund Hochsauerlandkreis e.V, 2012)

4.2.2 Chancen für den Sportverein

Das oberste Ziel der Vereine ist die Gewinnung neuer Mitglieder. Für sie ergibt sich infolge einer Kooperation mit einer Ganztagsschule eine hervorragende Möglichkeit, dieses Ziel bestmöglich zu erreichen. Gelingt es den Vereinen, die SuS im Rahmen der Ganztagsangebote für ihre Angebote zu begeistern, geht dies in der Regel mit einer Gewinnung von neuen Mitgliedern einher. Gerade Vereine mit Randsportarten profitieren von einer Kooperation, da diese es ihnen ermöglicht, den Kindern und Jugendlichen ihre oftmals nicht so populäre Sportart näher zu bringen. Überdies bietet die Kooperation mit einer Ganztagsschule den Vereinen die Möglichkeit, die SuS früh- und langzeitig an den Verein zu binden und damit die Nachwuchsarbeit zu stabilisieren. Die Durchführung der Sportangebote in der Institution Schule stellt weiterführend besondere Möglichkeiten der Sichtung und Förderung von Talenten bereit. Komplementär erhalten die Sportvereine, wie auch die Schulen im Rahmen der Kooperation finanzielle Unterstützung durch die jeweiligen Bundesländer. Desgleichen profitieren die Übungs- und Trainingsleiter der Sportvereine durch den Austausch mit den Lehrkräften und haben infolgedessen die Chance ihren sportpädagogischen Kenntnisstand auszubauen (Kreis-SportBund Hochsauerlandkreis e.V, 2012).

Abschließend kann festgehalten werden, dass die Kooperation zwischen Schule und Sportverein für beide Seiten gewinnbringend ist. Die Schulen haben durch die Zusammenarbeit folglich die Möglichkeit, ihre Angebote qualifiziert auszuweiten und dadurch ihr Image zu verbessern. Gleichermaßen profitieren die Sportvereine von diesem Miteinander insofern, als dass sie neue Mitglieder gewinnen und die Jugendarbeit frühzeitig fördern können. Schlussendlich kann sogar das jeweilige Bundesland einen Nutzen aus einer Zusammenarbeit von Schule und Sportverein ziehen, da in Folge dieser Zusammenarbeit

> „dafür gesorgt ist, dass sich der Bildungs- und Gesundheitszustand von Kindern und Jugendlichen verbessert bei gleichzeitiger optimaler Einbindung der Ressourcen und Kompetenzen der Ganztagsschulen und des organisierten Sports." (Kreissportverband Pinneberg e.V., 2012, S.37)

5 Bewegte Schule

Nachdem im vierten Kapitel dieser wissenschaftlichen Arbeit die unterschiedlichen Modelle der Ganztagskonzeptionen aufgezeigt wurden, soll nachfolgend das Konzept *Bewegte Schule* exemplarisch vorgestellt werden. Dabei handelt es sich um ein Konzept, das es ermöglicht, mehr Bewegung in den Schulalltag zu implementieren und welches sich besonders gut in der Ganztagsschule umsetzen lässt (Thiel et al., 2013).

Mit der Entwicklung des Konzepts *Bewegte Schule* intendieren die Verantwortlichen, die Schule und das Schulleben der Kinder und Jugendlichen abermals bewegungsfreundlicher gestalten zu können (Brägger, Hundeloh, Posse & Städtler, 2017). Dieses Streben erfordert eine Rhythmisierung des Schultags (Naul, 2011). Dabei geht das Verständnis von Bewegung in der Schule über den regulären Sportunterricht hinaus und fordert eine fächerübergreifende Bewegungserziehung, die sich nicht nur durch die Unterrichtsfächer, sondern durch das gesamte Schulleben zieht und nachhaltig kultiviert wird (Wuppertaler Arbeitsgruppe, 2008).

Die Entwicklung eines bewegungsfreudigen Konzeptes ist auf die in Kapitel 3.2 beschriebenen weit reichenden Veränderungen in der kind- und jugendlichen Lebenswelt zurückzuführen. Hierzu zählen beispielsweise der zunehmende Bewegungsmangel oder die immer weiter voranschreitende Einschränkung der Bewegungsräume (Brägger et al., 2017).

Unterstützung findet die Intention der Schulen in der Wissenschaft, die mit ihren zahlreichen Untersuchungen belegt, dass der Bereich Bewegung, Spiel und Sport positive Auswirkungen auf viele verschiedene Aspekte der Entwicklung von Kindern und Jugendlichen hat (Brägger et al., 2017).

Besonders im Grundschulbereich gelang es dem Konzept *Bewegte Schule* sich zu etablieren (Wuppertaler Arbeitsgruppe, 2008).

Für das bessere Verständnis erfolgt nach dieser kurzen Einführung in das Konzept *Bewegte Schule* im Folgenden eine nähere Betrachtung dessen. Zu diesem Zweck werden die Strukturmerkmale dargestellt, die die *Bewegte Schule* als solche charakterisieren. Diese Strukturmerkmale unterteilen sich in Rahmen- und inhaltliche Merkmale, die sich weiter differenzieren lassen. Die Rahmenmerkmale setzen sich aus dem pädagogisch- personalstrukturellen Rahmen und dem infrastrukturellen Rahmen zusammen. Dahingegen lassen sich die inhaltlichen Merkmale in unterrichtsexterne und unterrichtsinterne Merkmale klassifizieren (Thiel et al., 2013).

Abbildung 3 gibt eine erste Übersicht über die verschiedenen Strukturmerkmale.

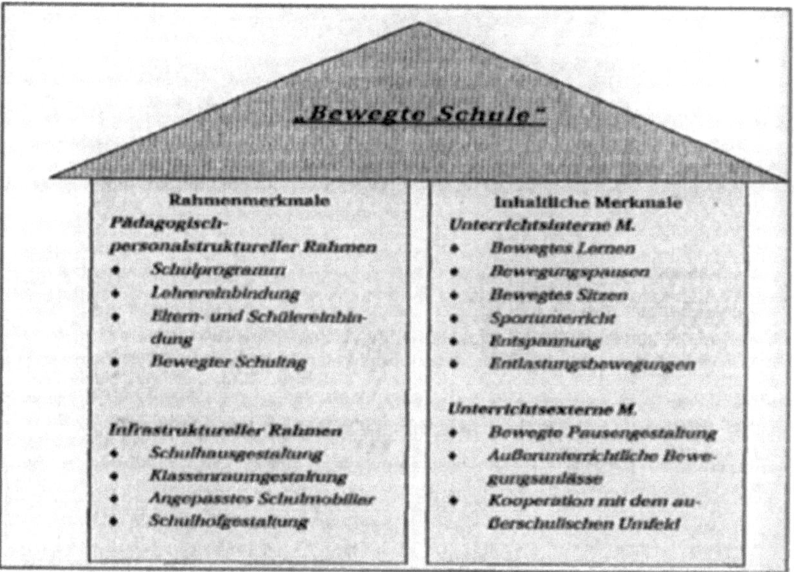

Abbildung 3: Kategorisierung der Strukturmerkmale einer Bewegten Schule (Zirolis, 2006, S.93)

Der nachfolgende Teil thematisiert die verschiedenen Strukturmerkmale, anhand derer das Konzept der *Bewegten Schule* erläutert wird. Allerdings findet auf Grund des beschränkten Rahmens dieser wissenschaftlichen Arbeit nicht jedes einzelne Merkmal Berücksichtigung.

5.1 Rahmenmerkmale

Zu den Rahmenmerkmalen gehören, wie bereits erwähnt, der pädagogisch- personalstrukturelle Rahmen, „der sich auf das Schulprogramm und die Einbindung der zentralen Bezugspersonen bezieht" (Ziroli, 2006, S.94) und der infrastrukturelle Rahmen, der die räumlichen und materiellen Gegebenheiten der Schulen umfasst. Hierzu zählen die Ausstattung und Gestaltung des Schulhauses sowie des Schulgeländes (Ziroli, 2006).

5.1.1 Pädagogisch-personalstruktureller Rahmen

Damit das Konzept *Bewegte Schule* gelingen kann, müssen die Ganztagsschulen ein pädagogisches Rahmenkonzept ausarbeiten, mit dem sich alle Lehrkräfte der Schule identifizieren können. Diese pädagogische Orientierung sollte im Schulprogramm fest verankert sein, um das individuelle Schulprofil festschreiben zu können (Thiel et al., 2013).

Die Autorin Klupsch-Sahlmann (1999) betont in diesem Zusammenhang jedoch, dass es nicht ausreichend ist, das pädagogische Rahmenkonzept im Schulprogramm formal festzulegen. Sie fordert außerdem, dass den SuS die pädagogischen Absichten im Unterricht offen und transparent dargelegt werden müssen. Des Weiteren ist es laut Klupsch-Sahlmann (1999) von hoher Bedeutung, dass die Schulen beim Festlegen des Schulprofils nicht nur auf die Quantität der einzelnen Aspekte Wert legen, sondern vielmehr auf die Qualität dieser. Die festgelegten Aspekte müssen demzufolge kontinuierlich kritisch reflektiert werden und gegebenenfalls sollten einige Aspekte, die sich nicht bewähren, durch neue ersetzt werden (Klupsch- Sahlmann, 1999). Folglich darf das jeweilige Schulprogramm keine festgefahrene Richtlinie darstellen, sondern muss als veränderbarer Handlungsrahmen verstanden werden, der sich dauerhafter Reflexion seitens des Lehrerkollegiums, der Elternschaft sowie der Schülerschaft unterziehen muss (Thiel et al., 2013).

Allerdings kann der pädagogische Leitgedanke der *Bewegten Schule* nur dann erfolgreich realisiert werden, wenn die Lehrkräfte sich den pädagogischen- didaktischen Elementen gegenüber öffnen und die Bereitschaft zeigen, diese in ihr pädagogisches Handeln zu implementieren (Thiel et al., 2013). Hierbei ist es die Aufgabe der Schule, dafür Sorge zu tragen, dass ihre Lehrkräfte mit ausreichenden Kompetenzen und Kenntnissen in Bezug auf das Konzept *Bewegte Schule* ausgestattet sind (Ziroli, 2006). Dies lässt sich durch Fortbildungen oder das eigenständige Lesen von Büchern und Fachzeitschriften gewährleisten. Vor allem aber profitieren die Lehrkräfte durch den Austausch mit ihren Kollegen. In diesem Zusammenhang sollte insbesondere der Sportlehrer als Experte eine wichtige Funktion einnehmen (Thiel et al., 2013).

> „Der Sportlehrer sollte über seine Fachaufgaben hinaus als „Impulsgeber" Denkanstöße geben und anregend, ermunternd, bekräftigend und motivierend auf seine Schüler und Kollegen einwirken, vor allem aber die Schulleitung dazu bewegen, die Initiative für die Integration von mehr Bewegung in den Schulalltag zu übernehmen." (Thiel et al. 2013, S.52)

5.1.2 Infrastruktureller Rahmen

Das Konzept *Bewegte Schule* erfordert neben der Festlegung eines pädagogischen Rahmenkonzeptes eine bewegungsorientierte Grundausstattung der Schulen, die genügend Bewegungsanlässe für die SuS schaffen soll, um den Bewegungsbedürfnis der Kinder und Jugendlichen gerecht zu werden (Brägger et al., 2017). In diesem Kontext wird verlangt, dass nebst der normalen Bewegungsräumlichkeiten, wie z.B. der Sporthalle oder dem Schulhof, weitere mögliche Bewegungsräume erschlossen werden (Ziroli, 2006). Beispielhaft hierfür werden in der Literatur die oftmals großen Hallen, Flure oder auch Treppenhäuser des Schulgebäudes genannt. Exemplarisch bieten die großen Hallen die Möglichkeit, feste Installationen zu errichten, die zum Klettern oder Springen animieren sollen. Überdies können in den Hallen und auf den Fluren Spielgeräte zur Verfügung gestellt werden, die in möglichen Regenpausen von den SuS benutzt werden können (Thiel et al., 2013).

„Grundsätzlich geht es darum, die Kinder durch vielseitige Angebote immer wieder zu Bewegung und Spiel zu motivieren." (Brägger et al., 2017, S.154)

Zur Grundausstattung der Schulen zählen in gleicher Weise die Klassenräume. Gerade in diesen verbringen die SuS und Lehrkräfte einen Großteil ihres Schulalltags. Dementsprechend ist im Besonderen der Klassenraum als sogenannte Bewegungslandschaft für das Konzept *Bewegte Schule* von hoher Bedeutung (Brägger et al., 2017). Zu diesem Zweck sollen in einer *Bewegten Schule* die Klassenräume insofern gestaltet sein, als dass sie eine wohnliche und anregende Atmosphäre aufweisen, damit die SuS sich in den Räumen wohlfühlen (Thiel et al., 2013). Ein weiteres Ziel, das mit der bewegungsorientierten Klassenraumgestaltung verfolgt wird, ist die sinnbezogene Lernförderung. Diese soll durch das Errichten individueller Arbeitsplätze und der Ergänzung durch Lese- und Spielecken gewährleistet werden. Somit können die SuS eigenständig entscheiden, wie und wo sie am besten arbeiten und lernen können. Dank diesem hohen Maße an Eigenverantwortung können pragmatische Fertigkeiten erlernt werden und die SuS erhalten die Möglichkeit, sich untereinander auszutauschen (Thiel et al., 2013). Weiterhin sollen die Klassenräume in einer *Bewegten Schule* mit ergonomischen Mobiliar ausgestattet sein (Brägger et al., 2017).

5.2 Inhaltliche Merkmale

„Bei den inhaltlichen Merkmalen liegt der Schwerpunkt darauf, Schule als Lebensraum zu erfahren, in dem das ganzheitliche Handeln im Vordergrund steht." (Ziroli, 2006, S.96)

Im Folgenden werden die inhaltlichen Merkmale näher betrachtet. Diese lassen sich, wie bereits erwähnt, in unterrichtsinterne sowie unterrichtsexterne Merkmale klassifizieren.

5.2.1 Unterrichtsinterne Merkmale

Die unterrichtsinternen Merkmale umfassen das Bewegungsaufkommen, das den Unterrichtsverlauf begleiten kann. Hierzu zählen unter anderem das bewegte Lernen, Bewegungspausen im Unterricht, der Sportunterricht sowie Bewegungshausaufgaben (Ziroli, 2006).

„Bewegtes Lernen"

Das „bewegte Lernen" stellt den Grundbaustein einer Bewegten Schule dar. Die Unterrichtsgestaltung soll von einer Rhythmisierung von Konzentration und Entspannung, Ruhe und Bewegung sowie geistiger und körperlicher Aktivität geprägt sein (Thiel et al., 2013). Laut Ziroli (2006) kann das „bewegte Lernen" nur dann gelingen, wenn die SuS die Möglichkeit haben, sich frei im Raum bewegen und ihren Lernplatz sowie ihre Lernhaltung eigenständig bestimmen zu können. Somit erhalten die SuS die Möglichkeit, bei auftretenden Fragen aufzustehen, um sich bei ihren Mitschüler/innen oder Lehrkräften zu informieren. Zudem ist es den SuS im Rahmen des „bewegten Lernens" oftmals freigestellt, an welchem Ort sie die ihnen aufgetragenen Aufgaben erledigen wollen. Eine denkbare Alternative wäre das Ausweichen auf den Schulflur oder die Aufgaben stehend respektive liegend durchzuführen (Thiel et al., 2013).

Inhaltlich gesehen verfolgt das „bewegte Lernen" zwei verschiedene Ansätze. Der erste Ansatz stellt das Lernen *durch* Bewegung dar. Hierbei wird der Lerngegenstand mit Hilfe von verschiedenen zusätzlichen Informationskanälen zugänglich gemacht. Der zweite Ansatz beschreibt das Lernen *mit* Bewegung. Dieser Ansatz verfolgt das Ziel, durch den Einsatz von Bewegung die Konzentration und die Motivation zu erhöhen (Thiel et al., 2013). Folglich lassen sich die beiden Ansätze so charakterisieren, dass sie Bewegung als „wertvollen, zusätzlichen Informationszugang" (Müller, 1999, S.52) nutzen. Körperliche Aktivität im Unterricht soll demgemäß dafür Sorge tragen, dass das erworbene Wissen als ganzheitliche Erfahrung abgespeichert wird (Thiel et al., 2013).

Im Folgenden sollen einige wenige Beispiele aufzeigen, wie das „bewegte Lernen" gestaltet werden kann.

Geschichten und Gedichte lassen sich beispielsweise durch Bewegung erschließen. Ebenso bietet der Matheunterricht Möglichkeiten, das „bewegte Lernen" zu integrieren. So könnte die Lehrkraft postulieren, dass bestimmte Rechenaufgaben und ihre Ergebnisse von den SuS gehüpft werden müssen (Thiel et al., 2013). Zugleich lässt sich Bewegung bei dem Lernen von Fremdsprachen sinnvoll einsetzen. Die Autoren Müller & Schlöffel (2004) führen in ihrem Buch viele Beispiele zur Integration von Bewegung in den Englisch-Unterricht an. Ein Beispiel, das den Namen „Walk and remember" trägt, sieht folgendermaßen aus:

Die SuS sollen sich einen Text, der in verschiedene Textteile aufgeteilt ist, merken und diesen aufschreiben. Jedoch sind die verschiedenen Textteile an unterschiedlichen Ecken im Raum angebracht. Somit müssen die SuS ihren Platz verlassen und sich zu den verschiedenen Ecken hinbewegen. Daraufhin gehen sie dann zu ihrem Platz zurück, wo sie den Textteil, den sie sich gemerkt haben, aufschreiben. Den SuS ist es freigestellt wie sie sich dabei fortbewegen (Müller & Schlöffel, 2004).

Bewegungspausen im Unterricht

Ein weiterer integraler Bestandteil der Bewegten Schule sind die Bewegungspausen im Unterricht (Thiel et al., 2013). Mit einer Bewegungspause im Unterricht ist die kurzzeitige Unterbrechung des Unterrichts gemeint, die das Ziel verfolgt, den SuS eine kurze Bewegungszeit zu ermöglichen, um im Anschluss wieder einen gewinnbringenden Unterricht durchführen zu können (Brägger et al., 2017).

Der Einsatz von Bewegungspausen im Unterricht ist auf wissenschaftliche Erkenntnisse zurückzuführen. Folglich ist die Belastungsgrenze bei SuS, die einer sitzenden Tätigkeit nachgehen, bei der sie sich stark konzentrieren müssen, bereits nach 15-20 Minuten erreicht (Ziroli, 2006). Unterbricht die Lehrkraft nun den Unterricht für eine Bewegungspause, fällt es den SuS anschließend leichter, sich wieder zu konzentrieren. Davon profitieren ebenso die Lehrkräfte, da die bessere Konzentrationsfähigkeit der SuS positive Auswirkungen auf den Folgeunterricht hat (Thiel et al., 2013).

Allerdings stellt es für die Lehrkraft kein leichtes Unterfangen dar, den richtigen Zeitpunkt für eine Bewegungspause ausfindig zu machen. Die Autoren Brägger et al. (2017) nennen in diesem Zusammenhang Überforderungsanzeichen der SuS, die Unkonzentriertheit und Lustlosigkeit zur Folge haben können. Obstruktiv ist zudem die Unklarheit in der Literatur über die richtige Zeitdauer für eine Bewegungspause. Das Zeitfenster, das in der Literatur genannt wird, reicht von 5-15 Minuten. Dabei gilt es darauf zu achten, dass die Belastungsintensität der Bewegungspausen nicht zu hoch angesetzt ist, damit die Kinder nicht völlig erschöpft sind und nach der Pause dem Unterricht noch weiter folgen können. Des Weiteren sollten die Aktivitäten derartig gewählt werden, dass vorzugsweise viele Kinder gleichzeitig teilnehmen können (Brägger et al., 2017).

Insbesondere das Klassenzimmer eignet sich für die Durchführung solcher Bewegungspausen im Unterricht. Jedoch lassen sie sich aber auch an anderen verschiedenen Orten wie z.B. den Fluren oder der Pausenhalle durchführen. Die Voraussetzung für das Verlegen der Bewegungspausen an einen Ort ist natürlich, dass die anderen Klassen nicht gestört werden (Klupsch-Sahlmann, 1999).

Sportunterricht

Der Sportunterricht lässt sich sowohl den Rahmen- als auch den inhaltlichen Merkmalen zuordnen (Thiel et al., 2013) An ihn werden im Rahmen des Konzeptes *Bewegte Schule* „inhaltliche Forderungen gestellt, die über die traditionellen Inhalte hinausgehen." (Ziroli, 2006, S.97)

Laging (2007b) hebt hervor, dass der Sportunterricht für jede Schule unverzichtbar sei, dementsprechend auch für die *Bewegte Schule.* Dabei soll der Sportunterricht an einer *Bewegten Schule* dem Lernen in Bewegung nicht nur als Alternative gegenüberstehen, sondern der Sportunterricht und die Inhalte der *Bewegten Schule* sollen sich gegenseitig komplementieren und voneinander profitieren (Laging, 2007b).

Müller (1999) sieht den Sportunterricht ebenfalls als eine der wichtigsten Grundlagen für eine *Bewegte Schule* an, da dieser durch seine speziellen Bedingungen, wie z.B. der Sporthallen oder Sportplätze, eine Möglichkeit bietet, fächerübergreifende Ziele der *Bewegten Schule* zu erweitern.

Aus der Literatur von Klupsch-Sahlmann (1999) geht hervor, dass einige Autoren insistieren, dass der Sportunterricht in einer *bewegten Schule* sich von dem regulären Sportunterricht abheben muss, da dieser meist lediglich darauf ausgelegt ist, sportartbezogene Bewegungsfertigkeiten zu vermitteln. Vor allem sehen sie das Problem darin, dass die SuS durch die rigide Orientierung an dieser Art des Sportunterrichts in ihrer Eigeninitiative eingeschränkt werden (Klupsch-Sahlmann, 1999). Auch Brägger et al. (2017) persistieren, dass der Sportunterricht in einer *Bewegten Schule* neu gestaltet werden muss und sich demnach vom regulären Sportunterricht abheben soll. Sie fordern die Sportlehrkräfte dazu auf, dass sie sich aktiv für das Gelingen einer *Bewegten Schule* einsetzen. Im Sportunterricht sollen den SuS demnach Möglichkeiten aufgezeigt werden, wie sich beispielsweise Bewegungspausen in anderen Fächern oder auch Entspannungsphasen im Unterricht umsetzen lassen. Darüber hinaus sollen die Sportlehrkräfte den Sportunterricht derartig gestalten, dass er die SuS dazu anhält, sich auch außerhalb der Schulzeit zu bewegen (Brägger et al., 2017).

Bewegungshausaufgaben

Das letzte inhaltliche Strukturmerkmal der *Bewegten Schule*, das in dieser wissenschaftlichen Arbeit vorgestellt werden soll, stellen die Bewegungshausaufgaben dar.

Im Allgemeinen dienen Hausaufgaben dazu, dass die SuS den behandelten Unterrichtsstoff vertiefen und anwenden. In einer *Bewegten Schule* ergeben sich Möglichkeiten, die Hausaufgaben mit Bewegung zu verknüpfen und folglich dafür zu sorgen, dass die SuS sich weiterhin am Nachmittag mit dem Thema Bewegung auseinandersetzen müssen. Die Schulen intendieren durch den Einsatz dieses Mittels eine Verlängerung und Ausdehnung der Bewegungszeit der Kinder und Jugendlichen (Thiel et al. 2013).

Ein weiterer großer Vorteil der Bewegungshausaufgaben besteht darin, dass diese sich gut mit anderen Strukturmerkmalen der *Bewegten Schule* verknüpfen lassen (Thiel et al., 2013). Hiernach könnten sie z.B. einige Ziele des „bewegten Lernens" ergänzen, indem im Unterricht gestellte Bewegungsaufgaben als Hausaufgabe am Nachmittag fortgeführt werden müssen. Exemplarisch könnte der Musiklehrer den SuS die Hausaufgabe auftragen, einen Tanz einzuüben, den sie in der nächsten Musikstunde vorführen sollen (Deutsch, 2003).

Additional können die Bewegungshausaufgaben mit dem Strukturmerkmal „Bewegungspausen im Unterricht" verknüpft werden, indem die Lehrkräfte z.B. die aufgetragenen Bewegungshausaufgaben im Rahmen der bewegten Pause vorführen lassen. Hierbei besteht die Möglichkeit, die Bewegungshausaufgaben inhaltlich auf die bewegten Pausen abzustimmen. Eine beispielhafte Aufgabe könnte so gestaltet werden, dass die Schüler Entspannungsgeschichten für den Deutschunterricht schreiben müssen, welche in den Bewegungspausen eingesetzt werden (Thiel et al. 2013).

Doch die Bewegungshausgaben lassen sich nicht nur mit den unterrichtsinternen, sondern ebenfalls mit unterrichtsexternen Strukturmerkmalen verknüpfen (Thiel et al., 2013). Folglich sollen die Bewegungshausaufgaben die SuS dazu auffordern, „außerschulische Bewegungsangebote, wie z.B. eines Sportvereins oder eines Jugendzentrums aufzusuchen und an ihnen teilzunehmen" (Thiel et al., 2013, S.73). Fernerhin können Bewegungshausaufgaben die SuS dazu animieren, alltägliche Räume und Orte, wie z.B. Treppen oder einen Garten zu Bewegungsräumen umzuformen. Dadurch eröffnen sich für die Kinder und Jugendlichen „Lernchancen, Bewegung, Spiel und Sport an ihre alltägliche Umgebung anzupassen." (Thiel et al., 2013, S.73)

Die folgende Abbildung soll abschließend die vielen verschiedenen Anschlussmöglichkeiten von Bewegungshausaufgaben aufzeigen.

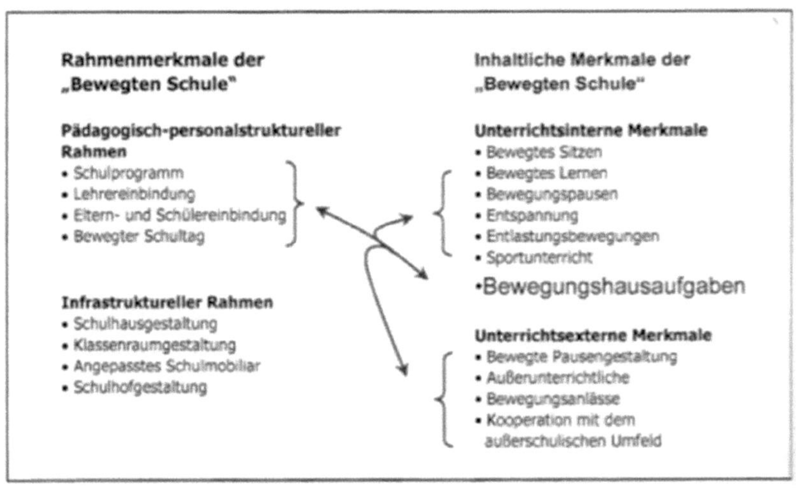

Abbildung 4: Anschlussmöglichkeiten von Bewegungshausaufgaben (Thiel et al., 2013, S.74)

5.2.2 Unterrichtsexterne Merkmale

Mit unterrichtsexternen Merkmalen ist das Bewegungsaufkommen gemeint, das außerhalb des Pflichtunterrichts stattfindet. Zu diesen zählen die bewegte Pause, außerunterrichtliche Bewegungsanlässe sowie die Kooperation mit dem außerschulischen Umfeld (Ziroli, 2006).

Bewegte Pausengestaltung

Im Gegensatz zu den Bewegungspausen im Unterricht, die bereits im vorherigen Kapitel thematisiert wurden und nur an wenigen bewegungsorientierten Schulen umgesetzt werden, gibt es an jeder Schule die herkömmlichen Pausen zwischen den einzelnen Unterrichtsstunden. Diese Pausen lassen sich in kleine (5-10 Minuten) und große Pausen (15-30 Minuten) klassifizieren (Müller & Petzold, 2014).

Die bewegten Pausen finden hauptsächlich auf dem Schulhof statt, können bei schlechten Witterungsbedingungen jedoch auch im Schulgebäude oder in der Sporthalle durchgeführt werden (Thiel et al., 2013). Hierbei ist es wichtig, dass das Schulgebäude, wie in Kapitel 5.2.1 bereits angeführt, dementsprechend ausgerüstet und für die SuS ansprechend ist.

Das Ziel, dass das Konzept *Bewegte Schule* mit der bewegungsfreudigen Gestaltung der Pausen verfolgt, ist, den notwendigen körperlichen Ausgleich zum bewegungsarmen Unterricht für die SuS zu schaffen (Brägger et al., 2017). Fernerhin profitiert die Ausbildung der sozialen Kompetenzen der SuS von einer bewegten Pausengestaltung, da das gemeinsame Spielen in den Pausen eine Kontaktaufnahme zu anderen SuS sowie die gemeinsame Aufstellung bestimmter Spielregeln erfordert (Müller & Petzold, 2014). Aus der konzeptionellen Literatur geht außerdem hervor, dass ein weiteres Ziel die Förderung des Wohlbefindens sowie die Schulung der motorischen Fähigkeiten der SuS ist (Müller & Petzold, 2006).

Diese genannten Aspekte zeigen auf, dass der bewegten Pausen ebenfalls ein hoher Stellenwert beigemessen werden muss.

Außerunterrichtliche Bewegungsanlässe

Ein weiteres Ziel einer *Bewegten Schule* sollte es ebenso sein, außerunterrichtliche Bewegungsanlässe für die SuS zu schaffen. Damit sind solche Bewegungsanlässe gemeint, die außerhalb des Unterrichts und der Pause, allerdings im schulischen Rahmen stattfinden (Ziroli, 2006). In diesen Bereich fallen z.B. Exkursionen, Klassenfahrten oder auch Wandertage. Daneben zählen Sport-AGs oder Sportwettkämpfe ebenfalls dazu (Thiel et al., 2013). Diese außerunterrichtlichen

Aktivitäten bieten oftmals Raum für Bewegungsanlässe, die im schulischen Alltag oft nicht umsetzbar sind (Brägger et al., 2017).

Laging (2007b) hebt in diesem Zusammenhang hervor, dass die Organisation von außerunterrichtlichen Bewegungsanlässen besonderes Potential birgt, spezielle Kurse oder Angebote für bestimmte Schülergruppen zu offerieren. Demnach könnten für SuS mit Haltungsschäden beispielsweise Rückenschul-Kurse angeboten werden. Logischerweise können die außerunterrichtlichen Bewegungsangebote nicht nur als Ergänzung zum Sportunterricht oder bewegtem Unterricht angesehen werden, sondern zusätzlich als Verbesserung der Schulkultur und des Schullebens (Brägger et al., 2017).

Kooperation mit dem außerschulischen Umfeld

Ein weiteres unterrichtsexternes Merkmal der bewegten Schule ist die Kooperation mit dem außerschulischen Umfeld. Damit sind die Bewegungsveranstaltungen gemeint, „die außerhalb des schulischen Pflichtrahmens stattfinden" (Ziroli, 2006, S.98). Häufig werden hierfür Personen aus dem Umfeld integriert und außerschulische Aktivitäten empfohlen. Oftmals findet im Rahmen der *Bewegten Schule* eine Kooperation mit einem Sportverein statt (Zirolis, 2006). Auf Grund der Tatsache, dass auf die Kooperation zwischen der Ganztagsschule und dem Sportverein bereits in Kapitel 4.2 Bezug genommen wurde, findet dieses Merkmal keine weitere Berücksichtigung in der vorliegenden Arbeit.

6 Empirische Untersuchungen über Bewegungs-, Spiel- und Sportangebote im Ganztag

Nachdem in dieser wissenschaftlichen Arbeit verschiedene Aspekte zu dem Thema Bewegung, Spiel und Sport in der Ganztagsschule dargestellt wurden, soll im letzten Kapitel der wissenschaftliche Zugang zu diesem Thema eruiert werden. Nachfolgend werden unterschiedliche empirische Studien über Bewegungs-, Spiel-, und Sportangebote im Ganztag aufgeführt, um den aktuellen Forschungsstand in diesem Bereich herauszustellen.

6.1 Umfang und Häufigkeit von Bewegungsangeboten an Ganztagsschulen

Aus der *Studie zur Entwicklung von Ganztagsschulen* (StEG) geht hervor, dass dem Bereich Bewegung, Spiel und Sport im Rahmen der Ganztagsschule ein sehr hoher Stellenwert beigemessen wird. Demnach kam die Studie zu dem Ergebnis, dass an 95% der ganztägig arbeitenden Grundschulen und an 90% der ganztägig arbeitenden Sekundarschulen, Angebote im Bereich Bewegung, Spiel und Sport offeriert werden (Laging, 2017).

Betrachtet man die Ergebnisse der Untersuchung in Hinblick auf die Häufigkeit der Bewegungsangebote an den Ganztagsschulen, so lässt sich konstatieren, dass an 46% der Sekundarschulen und an 52% der Grundschulen die Bewegungsangebote an 2-3 Tagen stattfinden. Weiterführend kann gesagt werden, dass überdies an 35% der Grundschulen sowie an 26% der Sekundarschulen die Angebote an 4-5 Tagen erfolgen (Laging, 2017).

Diese Ergebnisse können durch andere Studien wie z.B. der quantitativen *Studie zur Entwicklung von Bewegung, Spiel und Sport in der Ganztagsschule* (StuBSS) bestätigt werden. Sie kam zu dem Ergebnis, dass 78,7% aller Ganztagsschulen Bewegungsangebote offerieren, „wobei die Schulen der Sekundarstufe I mit 88,9% den höchsten Anteil haben." (Laging, 2014, S.43) Dabei werden diese sportbezogenen Angebote an 51,9% der Schulen mehrmals in der Woche durchgeführt (Laging, 2014).

Darüber hinaus hat die von Roland Naul durchgeführte Essener Pilotstudie, „ebenfalls einen hohen Anteil für die Bewegungs-, Spiel- und Sportangebote über 4-5 Tage feststellen können." (Laging, 2014, S.43) Demnach finden mit 48,8% fast die Hälfte aller Angebote an 4-5 Tagen statt.

Diese positiven Ergebnisse lassen darauf schließen, dass an fast allen Ganztagsschulen in ganz Deutschland, der Bereich Bewegung, Spiel und Sport realisiert wird „und die Chancen für eine über den Sportunterricht hinausgehende Bewegungsaktivierung von Kindern und Jugendlichen durchaus gegeben ist." (Laging, 2014, S.43) Dessen ungeachtet jedoch haben die Ergebnisse keinerlei Aussagekraft über die tatsächliche Teilnehmerquote der SuS an den Bewegungs- und Sportangeboten (Laging, 2014). Grundsätzlich lässt sich aber festhalten, dass die Kinder und Jugendlichen, die regelmäßig an den sportlichen Angeboten der Ganztagsschule teilnehmen, mehr Sport treiben als die Kinder und Jugendlichen einer Halbtagsschule (Laging, 2017).

6.2 Kooperationen zwischen Ganztagsschulen und Sportvereinen

Wie in Kapitel 4.2 bereits herausgestellt wurde, bietet der flächendeckende Ausbau der Ganztagsschule Chancen für die Sportvereine und Schulen. In diesem Kapitel sollen daher empirische Befunde zu dem Thema Kooperationsbeziehungen zwischen Ganztagsschulen und Sportvereinen vorgestellt werden. Hierzu werden in erster Linie die Ergebnisse der StEG-Studie herangezogen, die in fast ganz Deutschland zwischen 2005 und 2009 Befragungen zur Entwicklung der Ganztagsschule an über 370 Ganztagschulen durchgeführt hat. Zu diesem Zweck wurden Schulleiter, Lehrer, weiteres pädagogisches Personal, Kooperationspartner der Ganztagsschulen, SuS sowie deren Eltern zum Umfang, dem Personaleinsatz sowie den Auswirkungen der Kooperationsbeziehungen zwischen Ganztagsschulen und Sportvereinen befragt (Züchner & Rauschenbach, 2011).

6.2.1 Umfang der Kooperationen

Aus der Befragung der Schulleitungen geht hervor, dass Kooperationsbeziehungen mit einem Sportverein bei den Ganztagsschulen am verbreitetsten ist. Demzufolge hatten im Jahr 2007 87,5% der Ganztagsgrundschulen sowie 51,7% der Sekundarschulen eine Kooperation mit einem Sportverein. Spätere Untersuchungen aus den Jahren 2012 und 2015 bestätigen diese Befunde (StEG-Konsortium, 2015). Die nachstehende Abbildung stellt die Ergebnisse aus den Jahren 2012 und 2015 dar.

	Primar		Sek. I (o. Gym)		Gymnasien	
	2012	**2015**	**2012**	**2015**	**2012**	**2015**
	(n=382)	(n=414)	(n=463)	(n=539)	(n=188)	(n=230)
Sportverein, -schule, -verband	85,9	75,3	62,0	58,4	66,5	65,6

Abbildung 5: Wie viele Ganztagsschulen kooperieren mit Akteuren aus dem Bereich Sport?
(StEG- Konsortium,, 2015, S.34)

Die Ergebnisse der StuBSS- Studie legen dar, dass 67% aller Ganztagsschulen mit einem Sportverein kooperieren. Andere Studien kamen zu ähnlichen Ergebnissen. Danach unterhalten ca. 70% aller Ganztagsschulen Kooperationsbeziehungen mit Sportvereinen. Auch diese Untersuchungen lassen darauf schließen, dass die Grundschulen häufiger Kooperationen mit Sportvereinen eingehen als die weiterführenden Schulen (Laging, 2017). „Dabei kooperieren Ganztagsschulen nicht nur mit ein oder zwei Vereinen, sondern z.T. mit deutlich mehr." (Laging, 2017, S.146)

6.2.2 Personaleinsatz in den Kooperationen

Im weiteren Verlauf der StEG- Untersuchung wurde der Personaleinsatz für die Gestaltung der Ganztagsangebote überprüft. Anhand der Ergebnisse lässt sich schlussfolgern, dass die Umsetzung der Ganztagsangebote ohne die Hinzunahme von außerschulischen Kooperationspartnern vermutlich nicht möglich wäre. Die Ergebnisse der StuBSS- sowie der StEG-Untersuchung zeigen auf, dass gerade die Grundschulen auf das weitere pädagogische Personal angewiesen sind, auf Grund der Tatsache, dass an 88% der Grundschulen die AG's und Freizeitangebote von dem weiteren pädagogischen Personal durchgeführt werden (Laging, 2014). Dahingegen kamen beide Untersuchungen bei den Sekundarschulen zu dem Ergebnis, dass die Mehrzahl der Angebote (58%) von den schuleigenen Lehrkräften angeboten werden (Laging, 2014).

Detailliertere Ergebnisse aus der StuBSS-Untersuchung zeigen weiterführend, dass bei den Sekundarschulen an 36% der Schulen die schuleigenen Sportlehrkräfte für die Durchführung verantwortlich sind. An den Grundschulen ist dies lediglich zu 4% der Fall (Laging, 2014). Hieraus lässt sich ableiten, dass insbesondere die Grundschulen sehr abhängig von der Kooperation sind, während die Sekundarschulen zusätzlich auf die schuleigenen Lehrkräfte zurückgreifen.

Die Essener Pilotstudie, die ausschließlich Ganztagsgrundschulen untersucht hat, kam zu dem Ergebnis, dass ca. 50% der Ganztagsangebote von dem Sportverein übernommen werden und die anderen 50% entweder von dem schuleigenen Personal oder anderen außerschulischen Partnern, wie z.B. der Jugendhilfe, durchgeführt werden (Laging, 2014).

6.2.3 Auswirkungen der Kooperationen

Da in der StEG-Untersuchung lediglich Sportvereine befragt wurden, die eine Kooperationsbeziehung zu einer Ganztagsschule pflegen, kann diese Untersuchung keine empirischen Befunde vorlegen, ob und inwieweit Sportvereine und -verbände, die keine derartige Beziehung führen, einen Mitgliederrückgang zu verzeichnen haben (Züchner & Rauschenbach, 2011).

Im Rahmen des Ganztagsschulausbaus stellten sich viele Vereine besorgt die Frage, inwieweit die Kinder und Jugendlichen im Rahmen der Ganztagsschule noch Zeit aufbringen können, dem Vereinssport nachzugehen. Um auf diese Frage eine fundierte Antwort geben zu können, wurde in der StEG-Untersuchung zunächst untersucht, in welchem Umfang die Ganztagsangebote angeboten werden und in welchem Umfang diese von den Kindern und Jugendlichen wahrgenommen werden. Wie aus der Definition der Kultusministerkonferenz hervorgeht, sieht diese vor, dass die Angebote an mindestens drei Tagen in der Woche stattfinden. Die StEG- Untersuchung kam zu dem Resultat, dass lediglich 60% der Sekundarschulen ihr Angebot auf 4-5 Tage in der Woche erweitert haben (Züchner& Rauschenbach, 2011).

Im Hinblick auf die Teilnahme der SuS lässt sich eruieren, dass nur etwa 20% der SuS der Sekundarschulen an 4-5 Tagen an den Angeboten der Ganztagsschule teilnehmen. Indessen nehmen etwa 61% der Grundschüler an 4-5 Tagen an den Angeboten teil. Ferner ließ sich feststellen, dass ca. 66 % aller SuS der Sekundarschulen nur an ein oder zwei Tagen die Angebote wahrnehmen (Züchner & Rauschenbach, 2011).

Folglich kann resümiert werden, dass die Kinder, die die Grundschule besuchen und sich eigentlich in der Phase befinden, in der man sich in einem Verein etabliert, immer weniger Zeit für die Vereinsaktivitäten haben.

Bei den Selbstangaben der Schüler kam jedoch heraus, dass sie nicht das Gefühl haben, dass die Vereinsaktivitäten durch die Teilnahme an den Ganztagsangeboten abnehmen (Züchner & Rauschenbach, 2011).

Diese Annahme wird ebenfalls durch einige Sportvereine und -verbände, die im Rahmen des Sportentwicklungsberichtes 2007/2008 befragt wurden, bestätigt. Sie konstatieren, dass die Kooperationen mit Ganztagsschulen positive Auswirkungen auf die Vereinsentwicklung haben. Gerade im Bereich der Mitgliedergewinnung sowie der Imageverbesserung sehen die Sportvereine Verbesserungen (Laging, 2014).

Konträr dazu war die Mehrheit der befragten Eltern davon überzeugt, dass es im Rahmen der Ganztagsschule zu einer zunehmenden Vereinsabmeldung kommt (Züchner & Rauschenbach, 2011).

Eine weitere Untersuchung, die von Lutz Thiem in Bonn durchgeführt wurde, beschäftigte sich mit der Frage, ob sich als Folge der Ganztagsschulausweitung und damit einhergehend der Beschränkung der Raumkapazitäten sowie der Zeit der SuS Nachteile ergeben (Laging, 2014).

Das Resultat dieser Befragung ist, dass die Einführung der Ganztagsschulen tatsächlich negative Auswirkungen auf die Sportvereine hat. Demzufolge stehen den Sportvereinen immer weniger Sportstätten für die eigenen Angebote zur Verfügung. Zudem wurde festgestellt, dass die Vereine keinen Mitgliederzuwachs durch ihr Engagement an den Ganztagsgrundschulen verzeichnen können. Diese Erkenntnis resultierte ebenfalls aus der Untersuchung von Sabine Vogel, die im Bundesland Sachsen durchgeführt wurde (Laging, 2014).

Hingegen gaben die Sportvereine in der Essener Pilotstudie an, dass sie durch die Zusammenarbeit mit den Ganztagsschulen einen Zuwachs an Mitglieder generieren konnten, während die Vereine, die keine Kooperationsbeziehung mit einer Ganztagsschule pflegen, deutliche Rückgänge zu vermelden haben (Laging, 2014).

7 Zusammenfassung

Ziel dieser wissenschaftlichen Arbeit war es, zu überprüfen, inwiefern der Bereich *Bewegung, Spiel und Sport* Einzug in die Ganztagsschulen in Deutschland findet. Überdies sollte eruiert werden, welche Ansätze es hierfür gibt und wie diese charakterisiert sind. Um diese Fragen bestmöglich beantworten zu können, wurde sich im Rahmen dieser Arbeit kritisch mit der dazugehörigen Literatur auseinandergesetzt.

Im ersten Teil der Arbeit wurde anhand zweier verschiedener Definitionen versucht, den Terminus „Ganztagsschule" näher zu bestimmen. Anschließend galt es, die historische Entwicklung der Ganztagsschule in Deutschland sowie die Begründungen für jene darzulegen. Diese Begründungen wurden zum Abschluss des ersten Kapitels einer kritischen Betrachtung unterzogen. Dieses Kapitel ließ jedoch die Frage offen, welche Aspekte für den Einsatz von Bewegung, Spiel und Sport in der Ganztagsschule sprechen. Auf der Grundlage dieser offenen Frage wurde im nächsten Kapitel der Stellenwert von Bewegung, Spiel und Sport in der Ganztagsschule eruiert. Dabei ließ sich feststellen, dass Bewegung, Spiel und Sport einen großen Einfluss auf die Entwicklung der Kinder und Jugendlichen in verschiedenen Bereichen hat. Im Anschluss wurde aufgezeigt, wie der Bereich *Bewegung, Spiel und Sport* in der Ganztagsschule Anwendung findet. Zu diesem Zweck wurden unterschiedliche Formen von bewegungsorientierten Ganztagsschulkonzepten vorgestellt, die die aktuellen Entwicklungslinien darstellen. Im weiteren Verlauf dieses Kapitels wurden die Kooperationsbeziehungen zwischen den Ganztagsschulen und den Sportvereinen illustriert. Auf dieses Kapitel aufbauend, wurde im vierten Kapitel das Konzept der Bewegten Schule vorgestellt. Hierbei handelt es sich um ein Konzept, das es den Schulen ermöglicht, mehr Bewegung in den Schulalltag zu integrieren und welches sich insbesondere in der Ganztagsschule gut umsetzen lässt.

Abschließend wurden im letzten Kapitel empirische Untersuchungen zu dem Themenbereich *Bewegung, Spiel und Sport in der Ganztagsschule* vorgestellt.

Festzuhalten ist, dass so gut wie alle Ganztagsschulen in Deutschland ihren SuS mehrmals in der Woche Angebote aus dem Bereich Bewegung, Spiel und Sport offerieren. Dabei zeichnen sich drei aktuelle Entwicklungslinien ab, die verschiedene Ansätze zur Umsetzung darstellen. Diese Entwicklungslinien setzen sich aus der additiven und der integrativen Form zusammen. Die additive Form ist durch die rigide Trennung von unterrichtlichem Vormittag und außerunterrichtlichem

Nachmittag gekennzeichnet. Demgegenüber ist die integrative Form durch eine Rhythmisierung des Schultages charakterisiert. Beiden Formen liegen einer Kooperationsbeziehung zwischen der Ganztagsschule und einem außerschulischen Partner zugrunde. Wie die vorgestellten empirischen Untersuchungen gezeigt haben, stellen die Sportvereine mit ihren Angeboten aus dem Bereich *Bewegung, Spiel und Sport* den beliebtesten Kooperationspartner der Ganztagsschulen dar. Darüber hinaus konnte konstatiert werden, dass insbesondere das Konzept *Bewegte Schule* dazu beitragen kann, den Schulalltag bewegungsfreudiger zu gestalten.

Dessen ungeachtet muss am Ende der Arbeit darauf verwiesen werden, dass die in dieser wissenschaftlichen Arbeit vorgestellten Untersuchungen bereits vor einigen Jahren durchgeführt wurden. Jedoch ist davon auszugehen, dass dem Bereich Bewegung, Spiel und Sport auch heute noch ein hoher Stellenwert beigemessen wird. Um diese Frage allerdings eindeutig beantworten zu können, bedarf es weiterer Untersuchungen in diesem Bereich.

8 Literaturverzeichnis

Brägger, G., Hundeloh, H, Posse, N. & Städtler, H. (2017). *Bewegung und Lernen: Konzept und Praxis Bewegter Schulen.* Weinheim: Beltz Verlag

Deutsch, P. (2003). *Hausaufgaben im Sportunterricht. Untersuchungen zur Hausaufgabendidaktik* im *Fach Sport und Empfehlungen für die Praxis an Grundschulen.* Baltmannsweiler: Schneider-Verlag Hohengehren

Dordel, S. (2003). *Bewegungsförderung in der Schule. Handbuch des Sportförderunterrichts.* (4. überarbeitete. und erweiterte. Aufl.), Dortmund: Verlag Modernes Lernen

Fessler, N. (2004). Sport, Spiel und Bewegung in der Ganztagschule – Freizeitgestaltung oder Schulprogramm? In E. Christmann, E. Emmrich & J. Flatau (Hrsg.), *Schule und Sport* (210-221). Schorndorf: Hoffmann.

Größing, S. (1993). *Bewegungskultur und Bewegungserziehung. Grundlagen einer sinnorientierten Bewegungspädagogik.* Schorndorf: Verlag Karl Hoffmann

Hildebrandt-Stramann, R., Laging, R. & Teubner, J. (Hrsg.). (2014). *Bewegung und Sport in der Ganztagsschule - StuBSS: Ergebnisse der qualitativen Studie.* Baltmannsweiler: Schneider Verlag Hohengehren GmbH

Hollmann, W. (2004). Körperliche Aktivität und Gesundheit in Kindheit und Jugend. In R. Zimmer & I. Hunger (Hrsg.), *Wahrnehmen- Bewegen- Lernen. Kindheit in Bewegung.* (S.32-43). Schorndorf: Karl Hofmann

Hundeloh, H., Kottmann, L. & Pack, R-P. (2014). Schule als Lern- und Lebensraum bewegt gestalten: Bildungsrelevanz des Konzepts „Bewegungsfreudige Schule". In H. Aschebrock, E. Beckers & R-P. Pack (Hrsg.), *Bewegung braucht Bildung. Vom Bildungsverständnis zur Bildungspraxis im Kinder und Jugendsport* (S.250-278). Aachen: Meyer & Meyer Verlag

Hundeloh, H., Kottmann, L & Pack, R. (2015). *Bewegungsfreudige Schule. Mit Bewegung Schulqualität Entwickeln.* Aachen: Meyer & Meyer Verlag.

Kielblock, S. & Stecher, L. (2014). Ganztagsschule und ihre Formen. In T. Coelen & L. Stecher (Hrsg.), *Die Ganztagsschule. Eine Einführung* (S.13-28). Weinheim und Basel: Beltz Juventa

Klupsch-Sahlmann, R. (1999). Mehr Bewegung in der Grundschule- grundlegende Gedanken zur pädagogischen Konzeptionen. In R. Klupsch-Sahlmann (Hrsg*.), Mehr Bewegung in der Grundschule. Grundlagen; Bewegungschancen im Schulleben; Beispiele für alle Schulfächer* (S.7-24). Berlin: Cornelson Scriptor

KreisSportBund Hochsauerlandkreis e.V. (Hrsg.). (2012). *Kooperation Schule-Verein. Handreichung für Schulen und Vereine.* Zugriff am 21.07.2018 unter https://www.hochsauerlandsport.de/fileadmin/co_system/hochsauerlan dkreis/media/PDF/Handreichung_Kooperation_Schule-Verein.pdf

Kreissportverband Pinneberg e.V. (2012). *Ganztagsschule: Chancen und Risiken für die Sportvereine.* Zugriff am 23.07.2018 unter https://www.ksv-pinneberg.de/sites/www.ksv-pinne-berg.de/files/pages/praesentation_ganztagsschule_und_sportverein_fuer_ homepage_nov_2012.pdf

Laging, R. (2007a). Ganztagsschule bewegt mitgestalten- Möglichkeiten der Mitwirkung außerschulischer Partner. In B. Seibel (Hrsg.), *Bewegung, Spiel und Sport in der Ganztagsschule. Dokumentation eines Symposiums an der Südbadischen Sportschule Steinbach* (S.47-65). Schorndorf: Hoffmann Verlag

Laging, R. (2007b). Die Bausteine einer Bewegten Schule. In R. Laging & G. Schillack (Hrsg.), *Die Schule kommt in Bewegung. Konzepte und Untersuchungen zur Bewegten Schule mit praktischen Beispielen aus der Sekundarstufe I* (2 Aufl.) (S.143-164). Baltmannsweiler: Schneider-Verlag Hohengehren

Laging, R. & Stobbe, C. (2011). Bewegungsaktivitäten im Alltag von Ganztagsschulen – ausgewählte Ergebnisse aus dem Projekt StuBSS. In R. Naul (Hrsg.), *Bewegung, Spiel und Sport in der Ganztagsschule. Bilanz & Perspektiven* (S.213-228) Aachen: Meyer & Meyer Verlag

Laging, R. (2014). Bewegung, Spiel und Sport in der Ganztagsschule- Hintergründe und Forschungsstand. In R. Hildebrandt-Stramann, R. Laging & J. Teubner (Hrsg.), *Bewegung und Sport in der Ganztagsschule. StuBSS: Ergebnisse der qualitativen Studie* (S.14-68). Baltmannsweiler: Schneider Verlag Hohengehren GmbH

Lehmann, T (2011). Individuelle Förderung. Möglichkeiten und Grenzen der Förderung in Ganztagsschulen. In H. Gängler & T. Markert (Hrsg.), *Vision und Alltag der Ganztagsschule. Die Ganztagsschulbewegung als bildungspolitische Kampagne und regionale Praxis* (S.239-263). Weinheim und München: Juventa Verlag

Ludwig, H. (2005). Die Entwicklung der modernen Ganztagsschule. In V. Ladenthien & J. Rekus (Hrsg.), *Die Ganztagsschule – Alltag, Reform, Geschichte, Theorie* (S.163-176). Weinheim und München: Juventa.

Michaelsen, S. (2007). Bewegung und Schulsozialarbeit. Entwicklungschancen für Kinder durch Ganztagsschulen. In G. Rebel (Hrsg.), *Bewegung und Kommunikation (Band 4)*. Münster: Waxmann Verlag GmbH.

Müller, C. (1999). *Bewegte Grundschule – Aspekte einer Didaktik der Bewegungserziehung als umfassende Aufgabe der Grundschule.* Sankt Augustin: Academia Verlag

Müller, C. & Schlöffel, R (2004). *Bewegtes Lernen in modernen Fachsprachendargestellt am Beispiel des Faches Englisch. Klassen 5 bis 10/12: didaktisch methodische Empfehlungen.* Sankt Augustin: Academia- Verlag

Müller, C. & Petzold, R. (2006). *Bewegte Schule: Aspekte einer Bewegungserziehung in den Klassen 5 bis 10/12.* (1 Aufl.). Sankt Augustin: Academia- Verlag

Müller, C. & Petzold, R. (2014). *Bewegte Schule. Aspekte einer Bewegungserziehung in den Klassen 5 bis 10/12.* (2. neu bearbeitete und erweiterte Aufl.). Sankt Augustin: Academia Verlag

Naul, R., Tietjens, M., Geis, S. & Wick, U. (2010). Bewegung, Spiel und Sport im Ganztag von NRW- Konzept und Ergebnis der Essener Pilotstudie. In P.Böcker & R. Laging (Hrsg.), *Bewegung, Spiel und Sport in der Ganztagsschule. Schulentwicklung, Sozialraumorientierung und Kooperationen* (S.143-158). Baltmannsweiler: Schneider

Naul, R. (2011). Der Bildungsauftrag von Bewegung, Spiel und Sport in Ganztagsschulen. In R. Naul (Hrsg.), *Bewegung, Spiel und Sport in der Ganztagsschule. Bilanz & Perspektiven* (S.76-97). Aachen: Meyer & Meyer Verlag

Naul, R. (2014). Bewegung, Spiel und Sport in Ganztagsschulen: Konzepte für die Bildungspartnerschaft zwischen Ganztagsschulen und Sportvereinen. In H. Aschebrock, E. Beckers & R-P. Pack (Hrsg.), *Bewegung braucht Bildung. Vom Bildungsverständnis zur Bildungspraxis im Kinder und Jugendsport* (S.221-249). Aachen: Meyer & Meyer Verlag

Neuber, N. & Schmidt- Millard, T. (2006). Sport in der Ganztagsschule. *Sportpädagogik. Zeitschrift für Sport, Spiel und Bewegungserziehung*, 5/2016, 4-15.

Portmann, R. (2004). *Modell Ganztagsschule. Auf den Punkt gebracht.* München: Don Bosco Verlag.

Rahm, S., Rabenstein, K. & Nerowski, C. (2015). *Basiswissen Ganztagsschule. Konzepte, Erwartungen, Perspektiven.* Weinheim und Basel: Beltz Verlag

Rauschenbach, T. & Züchner, I. (2011). Bewegung, Spiel und Sport im aktuellen Bildungsauftrag der Ganztagsschule. In R. Naul (Hrsg.), *Bewegung, Spiel und Sport in der Ganztagsschule. Bilanz & Perspektiven* (S. 14-50). Aachen: Meyer & Meyer Verlag

Reckzeh, M. (2015). *Sport in der Ganztagsschule. Chancen und Grenzen von Sportangeboten.* Hamburg: Diplomica Verlag GmbH.

Reichmann, U. (2005). Die Offene Ganztagsschule in Nordrhein- Westfalen – Analyse und Kritik aus sozialpädagogischer Perspektive. In V. Ladenthien & J. Rekus (Hrsg.), *Die Ganztagsschule – Alltag, Reform, Geschichte, Theorie* (S.163-176). Weinheim und München: Juventa.

Rother, U (2003). *Ganztagsschulverband GGT e.V. Ganztagsschulentwicklung in den Bundesländern.* Zugriff am 16.05 unter http://www.ganztagsschulverband.de/downloads/gts-entwicklung-august2003.pdf

Schmelt, D., Hoffmann, D. & Naul, R. (2011). Bewegungsbildung und Gesundheitsförderung in der Ganztagsschule. In R. Naul (Hrsg.), *Bewegung, Spiel und Sport in der Ganztagsschule. Bilanz & Perspektiven* (S. 115-132). Aachen: Meyer & Meyer Verlag

Sekretariat der Ständigen Konferenz der Kultusminister der Länder in der Bundesrepublik Deutschland (Hrsg.). (2017). Allgemeinbildende Schulen in Ganztagsform in den Ländern in der Bundesrepublik Deutschland – Statistik 2011 bis 2015 – Zugriff am 16.05.2018 unter https://www.kmk.org/fileadmin/Dateien/pdf/Statistik/Dokumentationen/GTS_2015_Bericht.pdf

StEG-Konsortium (Hrsg.). (2015). Ganztagsschule 2014/2015. Deskriptive Befunde einer bundesweiten Befragung. Zugriff am 28.07.2018 unter https://www.projekt-steg.de/sites/default/files/StEG_Bundesbericht%202015_online.pdf

Stötzel, J. & Wagener, A. (2014). Historische Entwicklungen und Zielsetzungen von Ganztagsschulen in Deutschland. In T. Coelen & L. Stecher (Hrsg.), *Die Ganztagsschule. Eine Einführung* (S.49-65). Weinheim und Basel: Beltz Juventa.

Weineck, J. (1997). *Optimales Training: leistungsphysiologische Trainingslehre unter besonderer Berücksichtigung des Kinder- und Jugendtrainings.* (10. Aufl.). Balingen: Demeter Verlag im Spitta Verlag

Stahmer, I. (1999). Gemeinsam etwas bewegen! Sportverein und Schule- Schule und Sportverein in Kooperation. In N. Fessler, V. Scheid, G. Trosien, J. Simen & F. Brückel (Hrsg.), *Gemeinsam etwas bewegen! Sportverein und Schule- Schule und Sportverein in Kooperation* (S.27-32). Schorndorf: Verlag Karl Hoffmann

Steiner, C. (2009). Mehr Chancengleichheit durch die Ganztagsschule? In L. Stecher (Hrsg.), *Ganztägige Bildung und Betreuung.* (S.81-105*)* Weinheim: Beltz

Thiel, A., Teubert, H. & Kleindienst- Cachay, C. (2013). *Die „Bewegte Schule" auf dem Weg in die Praxis: Theoretische und empirische Analysen einer pädagogischen Innovation.* Baltmannsweiler: Schneider Verlag Hohengraben

Thieme, L. (2010). Kooperation zwischen Offenen Ganztagsschulen und Sportvereinen aus ökonomisch- organisationssoziologischer Sicht. In P. Böcker & R. Laging (Hrsg.), *Bewegung Spiel und Sport in der Ganztagsschule. Schulentwicklung, Sozialraumorientierung und Kooperationen* (S.171-187). Baltmannsweiler: Schneider

Wuppertaler Arbeitsgruppe (2008). *Bewegung, Spiel und Sport im Schulprogramm und im Schulleben. Qualität bewegungsfreudiger Schulentwicklung: Differenzen zwischen Anspruch und Wirklichkeit.* Aachen: Meyer & Meyer Verlag

Zimmer, R.(2004): Bildung im Rückwärtsgang? – Pädagogik nach PISA. In R. Zimmer & I. Hunger (Hrsg.), *Wahrnehmen- Bewegen- Lernen. Kindheit in Bewegung.* (S.11-18). Schorndorf: Karl Hofmann

Ziroli, S. (2006). *Bewegung, Spiel und Sport an Grundschulen. Profilbildung- Theoretische Grundlagen und empirische Befunde.* Aachen: Meyer & Meyer Verlag

Züchner, I. & Rauschenbach, T. (2011). Der Sport in der Ganztagsschule. Empirische Befunde zur Kooperation von Sportvereinen und Schulen in der Ganztagsschule. In R. Naul (Hrsg.), *Bewegung, Spiel und Sport in der Ganztagsschule. Bilanz & Perspektiven* (S. 183- 197). Aachen: Meyer & Meyer Verlag